EBS 왕초보영어 2020 · 상편

EBS 왕초보영어

2020
상편

**하루 30분 투자로 여행영어에서 쇼핑영어까지
한 방에 해결**

EBS 기획 · **마스터유진** 지음

서울문화사

효과적으로
《EBS 왕초보영어 2020·상편》을
활용하는 방법

얼핏 보면 다 아는 단어고 학창시절에 배운 단어인데, 막상 영어로 한마디 하려면 입 한 번 떼기 어렵죠? 이 책은 그런 왕초보들을 위해 만들어진 기초 영어회화 프로그램 'EBS 왕초보영어'의 학습을 돕기 위한 것입니다. 총 4개의 Step으로 이루어져 있으며, 각 Step마다 초보자들이 자신감을 가지고 재미있게 학습할 수 있도록 구성되었습니다. 무엇보다 우리 생활과 밀접한 가정, 일상, 쇼핑, 식당, 여행을 주제로 하여 알아두면 언제든지 유용하게 사용할 수 있도록 했습니다. 각 대화의 한글해석이 의역이 아닌 직역일 때는 조금 어색하게 느껴질 수도 있습니다. 하지만 이는 더욱 효과적인 학습을 위해 계산된 부분입니다.

자, 각 Step별로 어떻게 활용하면 좋을지 알아볼까요?

- **STEP 1**은 전체 대화를 듣고 빈칸을 채우는 단계입니다. 모르는 단어라도 빈칸을 그냥 비워두지 말고 들리는 대로 한글로라도 최대한 채워보세요.

- **STEP 2**는 빈칸의 단어를 확인하고 예문을 통해 익히는 단계입니다. 단어의 뜻만 외우는 것보다 문장 내에서 그 단어가 어떻게 쓰이는지를 이해하는 것이 훨씬 중요하답니다. 해당 단어로 최소 2문장 이상 영작해보세요.

- **STEP 3**은 방송 내용을 적고 적극적으로 참여하는 단계입니다. 이미 배워서 알고 있는 표현이라도 새로 배운 듯 다시 적어보세요. 이렇게 직접 적어보는 행동 자체가 뇌에 신호를 보내며 강력한 반복 및 강화훈련이 된답니다. 특히 참여를 요할 때는 반드시 큰 목소리로 자신감을 가지고 참여하세

요(입영작). 그리고 각 문장 아래 정리해둔 핵심패턴에 특히 집중하세요. 예문을 보고 해당 패턴 및 어휘의 사용법을 이해하고, 최소 5개 문장 이상 영작해보세요.

● **STEP 4**는 응용 문장을 손으로 영작하고(손영작), 입으로 영작해보고(입영작), 반복하여 낭독해보는(반복낭독) 단계입니다.

❶ **손영작**
- 해당 에피소드에서 다룬 핵심표현을 응용한 문장들입니다.
- 모르는 단어는 사전을 활용해도 좋습니다.
- 손영작은 스피드가 생명입니다. 최대한 빠른 속도로 영작하세요.
- 틀리는 것에 두려움을 갖지 마세요. 틀려야 실력도 늡니다.

❷ 입영작

- 손영작의 정답을 맞춰본 후 이번엔 입영작에 도전해보세요.

- 입영작은 자연스러움이 생명입니다. 큰 목소리로 연기하듯 실감나게 도전해
  보세요.

- 손영작과 달리 천천히 해도 됩니다. 이번에도 틀리는 것에 두려움을 갖지 마
  세요. 하지만 작은 목소리로 어색하게 말하는 것은 절대로 안 됩니다. 자신감
  을 가지세요!

❸ 반복낭독

- 전체 대사를 5회 이상 실감나게 낭독해보세요.

- 주변 사람들과 스터디를 구성해 상대방과 파트를 나누어 연기해보면 훨씬
  더 효과적입니다.

동생을 질투하는 아들

_가정

CHECK | 손영작 ☐ 입영작 ☐ 반복낭독 ☐ 수업 듣기 ☐

STEP 1

A I'm so _____ of Eddie. (전 Eddie가 엄청 질투 나요.)

B _____ are you jealous of him? (너 왜 걔를 질투하니?)

A He doesn't have to go to _____. (걔는 학교에 안 가도 되잖아요.)

B You don't want to go _____ to school, huh? (너 학교 돌아가기 싫구나, 응?)

STEP 2

- **jealous** | 질투하는
  - → They are just jealous. (그들은 그냥 질투하는 거야.)
  - → Why are you so jealous? (너 왜 그렇게 질투해?)

- **why** | 왜, 이유
  - → Why are you so mad? (너 왜 그렇게 화 나 있어?)
  - → Why do you like me? (넌 왜 날 좋아해?)

- **school** | 학교
  - → Jackie didn't go to school today. (Jackie는 오늘 학교에 안 갔어.)
  - → I have to go to school. (나 학교 가야 돼.)

- **back** | 도로
  - → Call me back. (내게 도로 전화해. / 다시 전화해.)
  - → I'll be back. (도로 올게. / 돌아올게.)

A I'm so jealous of Eddie. (전 Eddie가 엄청 질투 나요.)

be jealous of (명사) = (명사)가 질투 나다

→ I am jealous of your friend. (난 네 친구가 질투 나.)

→ Are you jealous of me? (넌 내가 질투 나니?)

B Why are you jealous of him? (너 왜 걔를 질투하니?)

Why (질문)? = 왜 (질문)이니?

→ Why are you so sad? (너 왜 그렇게 슬프니?)

→ Why do you hate me? (넌 왜 날 싫어하니?)

A He doesn't have to go to school. (걔는 학교에 안 가도 되잖아요.)

don't/doesn't have to (동사원형) = (동사원형) 안 해도 된다

→ I don't have to wake up early. (나 일찍 안 일어나도 돼.)

→ She doesn't have to do that. (그녀는 그걸 안 해도 돼.)

B You don't want to go back to school, huh? (너 학교 돌아가기 싫구나, 응?)

(평서문), huh? = (평서문)이구나, 응?

→ You are excited, huh? (너 신났구나, 응?)

→ She lives in Seoul, huh? (그녀가 서울에 사는구나, 응?)

DAY 1

동생을 질투하는 아들

1 난 네 성공이 질투 나. =＿＿＿＿＿＿＿＿＿＿＿＿＿＿＿＿＿

2 너 왜 행복해? =＿＿＿＿＿＿＿＿＿＿＿＿＿＿＿＿＿＿＿

3 너 안 와도 돼. =＿＿＿＿＿＿＿＿＿＿＿＿＿＿＿＿＿＿＿

4 이게 네 차구나, 응? =＿＿＿＿＿＿＿＿＿＿＿＿＿＿＿＿＿

This is your car, huh?
You don't have to come. | Why are you happy? | I am jealous of your success.

새 차에 스크래치라니

STEP 1

A _____ left scratches on my car! (누가 내 차에 스크래치를 남겼어!)

B Did you _____ the dashboard camera? (블랙박스 확인했어?)

A I don't _____ one. (나 블랙박스 없어.)

B You must be really _____. (너 정말 화나겠다.)

STEP 2

- **somebody** | 누군가
  - → Somebody, help me! (누가 저 좀 도와줘요!)
  - → Somebody was here. (누군가 여기에 있었어.)

- **check** | 확인하다
  - → Check your bag. (네 가방을 확인해봐.)
  - → I already checked my room. (나 내 방은 이미 확인했어.)

- **have** | 가지고 있다
  - → Do you have an English name? (너 영어 이름 있어?)
  - → She has a dream. (그녀는 꿈이 있어.)

- **mad** | 화난
  - → Is she mad again? (그녀는 또 화가 났니?)
  - → I am not mad. (나 화 안 났어.)

A Somebody left scratches on my car! (누가 내 차에 스크래치를 남겼어!)

on (명사) = (명사)의 위에 / 표면에

→ Your key is on the table. (네 열쇠는 그 탁자 위에 있어.)

→ I left it on the bed. (나 그거 그 침대 위에 놔뒀어.)

B Did you check the dashboard camera? (블랙박스 확인했어?)

Did you (동사원형)? = 너 (동사원형)했니?

→ Did you call your parents? (너 너희 부모님께 전화드렸니?)

→ Did you take the pills? (너 그 알약 복용했어?)

A I don't have one. (나 블랙박스 없어.)

don't/doesn't (동사원형) = (동사원형)하지 않는다

→ I don't like spicy food. (난 매운 음식을 좋아하지 않아.)

→ Lisa doesn't have a job. (Lisa는 직업이 없어.)

B You must be really mad. (너 정말 화나겠다.)

must be (형용사) = 분명히 (형용사)할 것이다

→ You must be disappointed. (너 분명히 실망했겠다.)

→ He must be lazy. (그는 분명히 게으를 거야.)

1 난 내 전화기를 그 책상 위에 놔뒀어. =_____

2 너 점심 먹었어? =_____

3 난 재즈 음악을 좋아하지 않아. =_____

4 그거 분명히 쉽겠다. =_____

I left my phone on the desk. | Did you have/eat lunch? | I don't like jazz music. | It must be easy.

DAY 2

새 차에 스크래치라니

팔찌 두 개 사기

CHECK | 손영작 ☐ 입영작 ☐ 반복낭독 ☐ 수업 듣기 ☐

STEP 1

A The black ones are $5 and the _____ ones are $7.
(검정색으로 된 건 5달러고 은색으로 된 건 7달러예요.)

B I'll get two silver ones, _____. (그럼 은색으로 된 걸 두 개 살게요.)

B How _____ do I owe you? (얼마 드려야 하죠?)

A The _____ comes out to $14. (총 14달러입니다.)

STEP 2

• **silver** | 은색으로 된, 은, 은색

  → Is this silver? (이거 은이에요?)

  → I have a silver car. (난 은색으로 된 자동차가 있어.)

• **then** | 그러면

  → Call me later, then. (그러면 내게 나중에 전화해.)

  → Then, don't do it. (그걸 하지 마, 그럼.)

• **much** | 많이

  → I love you so much. (난 널 엄청 많이 사랑해.)

  → How much did you eat? (넌 얼마나 많이 먹었니?)

• **total** | 총, 총액

  → What's the total? (총액이 뭐야? / 총액이 얼마야?)

  → This is the total price. (이게 총 금액이에요.)

A The black ones are $5 and the silver ones are $7.

(검정색으로 된 건 5달러고 은색으로 된 건 7달러예요.)

(형용사) one = (형용사)한 것

→ I want a light one. (전 가벼운 걸 원해요.)

→ She bought cheap ones. (그녀는 싼 것들을 샀어.)

B I'll get two silver ones, then. (그럼 은색으로 된 걸 두 개 살게요.)

will (동사원형) = (동사원형)할게요 / 할래요

→ I will email you. (너에게 이메일 할게.)

→ We will be back soon. (우리 금방 돌아올게.)

B How much do I owe you? (얼마 드려야 하죠?)

How much (질문)? = 얼마나 많이 (질문)이죠?

→ How much do you eat? (너 얼마나 많이 먹어?)

→ How much did you drink? (너 얼마나 많이 마셨어?)

A The total comes out to $14. (총 14달러입니다.)

The total comes out to (금액). = 총액이 (금액)으로 나옵니다. / 총 (금액)입니다.

→ The total comes out to $55. (총 55달러입니다.)

→ The total comes out to $20.99. (총 20달러 99센트입니다.)

1 난 무거운 걸 원해. =_____

2 내가 너에게 오늘 밤에 전화할게. =_____

3 얼마나 많이 넌 원하니? =_____

4 총 20달러입니다. =_____

I want a heavy one. | I will call you tonight. | How much do you want? | The total comes out to $20.

드레스에 흘려버린 소스 ___식당

STEP 1

A Could you get me some _____ wipes? (물티슈 좀 가져다주실 수 있을까요?)

A I got some _____ sauce on my dress. (토마토소스가 드레스에 좀 묻었어요.)

B Oh, no. We don't have _____ wet wipes, though.
(오, 이런. 그런데 물티슈가 없는데요.)

B But we can give you a wet _____. (하지만 젖은 냅킨을 드릴 수는 있어요.)

STEP 2

- **wet** | 젖은
  → The roads are wet. (길이 젖어 있어.)
  → My socks are wet. (내 양말이 젖어 있어.)

- **tomato** | 토마토
  → Do you have some tomato sauce? (토마토소스가 좀 있나요?)
  → I love sweet tomatoes. (난 달콤한 토마토가 좋아.)

- **any** | 그 어떤
  → We don't have any money. (저희는 그 어떤 돈도 없어요. / 돈이 조금도 없어요.)
  → Do you know any salesmen?
     (그 어떤 판매원이라도 아니? / 아는 판매원이 누구라도 있니?)

- **napkin** | 냅킨
  → I need a napkin. (나 냅킨이 필요해.)
  → Can I get extra napkins? (냅킨 좀 더 받을 수 있을까요?)

A **Could you get me some wet wipes?** (물티슈 좀 가져다주실 수 있을까요?)

Could you (동사원형)? = (동사원형)해주실 수 있을까요?

→ Could you come back later? (나중에 돌아오실 수 있을까요?)

→ Could you be quiet? (조용해주실 수 있을까요?)

A **I got some tomato sauce on my dress.** (토마토소스가 드레스에 좀 묻었어요.)

I got (명사) on (옷) = (명사)가 (옷)에 묻었어요.

→ I got something on my shirt. (뭐가 제 셔츠에 묻었어요.)

→ I got some strawberry jam on my pants. (딸기 잼이 제 바지에 좀 묻었어요.)

B **Oh, no. We don't have any wet wipes, though.**

(오, 이런. 그런데 물티슈가 없는데요.)

(평서문), though. = 그런데/그래도 (평서문)이에요.

→ She is not here, though. (그런데 그녀가 여기에 없는데요.)

→ I still like it, though. (그래도 여전히 그게 마음에 드는 걸.)

B **But we can give you a wet napkin.** (하지만 젖은 냅킨을 드릴 수는 있어요.)

give (사람) (명사) = (사람)에게 (명사)를 주다

→ Give me my money. (나에게 내 돈을 줘.)

→ I gave her some advice. (난 그녀에게 충고를 줬어. / 충고를 해줬어.)

1 제 가방을 옮겨주실 수 있을까요? =_____

2 뭔가 네 셔츠에 묻었어. =_____

3 그래도 우린 친구가 아니잖아. =_____

4 내게 더 많은 돈을 줘. =_____

Could you move my bag? | You got something on your shirt. | We are not friends, though. | Give me more money.

호텔 주변 구경하기

STEP 1

A What's around this _____? (이 호텔 주변엔 뭐가 있나요?)

B There's a musical _____ across the street. (길 건너에 뮤지컬 극장이 있어요.)

A Oh, I love musicals! What's _____ now?
(오, 저 뮤지컬 사랑해요! 지금 뭐가 공연 중이죠?)

B I believe 'Mini and the _____' is playing now.
(지금 '미니와 야수'가 공연 중일 거예요.)

STEP 2

- **hotel** | 호텔
  - → I am looking for a good hotel. (난 좋은 호텔을 찾고 있어.)
  - → This is a 3-star hotel. (이건 3성급 호텔이야.)

- **theater** | 극장
  - → The theater is pretty close. (그 극장은 꽤 가까워.)
  - → I walked to the theater. (난 그 극장에 걸어서 갔어.)

- **play** | 공연하다
  - → 'Mayu's Life' is playing. ('마유의 인생'이 공연 중이야.)
  - → A musical is playing now. (뮤지컬이 지금 공연 중이야.)

- **beast** | 야수, 짐승
  - → Actually, the beast is a prince. (사실, 그 야수는 왕자야.)
  - → The beast tried to kill me. (그 야수가 날 죽이려고 했어요.)

A **What's around this hotel?** (이 호텔 주변엔 뭐가 있나요?)

What's around (명사)? = (명사)의 주변에는 뭐가 있죠?

→ What's around this park? (이 공원 주변에는 뭐가 있어요?)

→ What's around this building? (이 건물 주변에는 뭐가 있어?)

B **There's a musical theater across the street.** (길 건너에 뮤지컬 극장이 있어요.)

across (명사) = (명사)의 건너에

→ The school is across the street. (그 학교는 길 건너에 있어.)

→ What's across this river? (이 강 건너에는 뭐가 있니?)

A **Oh, I love musicals! What's playing now?**

(오, 저 뮤지컬 사랑해요! 지금 뭐가 공연 중이죠?)

love (명사) = (명사)를 사랑하다 / 엄청 좋아하다

→ I love pork and beef. (난 돼지고기와 쇠고기를 사랑해.)

→ She loves WCB English. (그녀는 왕초보영어를 사랑해.)

B **I believe 'Mini and the Beast' is playing now.**

(지금 '미니와 야수'가 공연 중일 거예요.)

I believe (평서문). = 난 (평서문)이라고 믿어. / (평서문)일 거야.

→ I believe she is not here. (그녀는 여기 없을 거예요.)

→ I believe Jane will be here soon. (Jane은 금방 여기 올 거예요.)

1 이 동네 주변에는 뭐가 있죠? =_____

2 길 건너에는 뭐가 있니? =_____

3 내 아이들은 인형들을 사랑해. =_____

4 Alice는 차가 있을 거예요. =_____

I believe Alice has a car.

What's around this town? | What's across the street? | My kids love dolls.

DAY 5

호텔 주변 구경하기

첫 등교를 한 아들

가정

STEP 1

A How was your _____ day of school? (학교 첫날 어땠니?)

B I had a lot of fun and _____ lots of friends!
(엄청 재미있었고 친구도 많이 만들었어요!)

A I told you. It's not that _____. (말했잖니. 그렇게 나쁘지 않잖아.)

B I can't _____ to go to class! (수업 가는 거 못 기다리겠어요!)

STEP 2

- **first** | 처음의, 처음인

  → This is my first phone. (이게 제 첫 전화기예요.)

  → Is this your first visit? (이게 당신의 첫 방문인가요?)

- **make** | 만들다

  → I want to make friends. (난 친구들을 만들고 싶어.)

  → Who made these cookies? (누가 이 쿠키들을 만들었니?)

- **bad** | 나쁜

  → The weather is bad. (날씨가 나빠.)

  → I have bad grades. (난 성적이 안 좋아.)

- **wait** | 기다리다

  → Can you wait here? (너 여기서 기다릴 수 있니?)

  → Wait a minute. (잠깐 기다려.)

A How was your first day of school? (학교 첫날 어땠니?)

How was/were (명사)? = (명사)는 어땠니?

→ How was the trip? (여행 어땠어?)

→ How were they? (그것들 어땠어?)

B I had a lot of fun and made lots of friends!

(엄청 재미있었고 친구도 많이 만들었어요!)

a lot of (명사) = 많은 (명사)

→ I bought a lot of shirts. (난 많은 셔츠를 샀어.)

→ We need a lot of water. (우린 많은 물이 필요해.)

A I told you. It's not that bad. (말했잖니. 그렇게 나쁘지 않잖아.)

not that (형용사) = 그렇게 (형용사)하지는 않은

→ English is not that difficult. (영어는 그렇게 어렵진 않아.)

→ Seoul is not that far. (서울은 그렇게 멀지는 않아.)

B I can't wait to go to class! (수업 가는 거 못 기다리겠어요!)

can't wait to (동사원형) = (동사원형)하는 걸 못 기다리다

→ I can't wait to see you. (널 보는 걸 못 기다리겠어.)

→ We can't wait to watch the show. (그 쇼를 보는 걸 못 기다리겠어.)

DAY 6

첫 등교를 한 이틀

1 그 시험은 어땠니? =_____

2 난 많은 돈이 필요해. =_____

3 난 그렇게 피곤하지는 않아. =_____

4 난 왕초보영어를 보는 걸 못 기다리겠어. =_____

How was the test? | I need a lot of money. | I am not that tired. |
I can't wait to watch WCB English.

복권 당첨된 친구

일상

CHECK | 손영작 ☐ 입영작 ☐ 반복낭독 ☐ 수업 듣기 ☐

STEP 1

A You won't _____ this! (너 이거 못 믿을 거야!)

B You're _____ me···. What is it? (겁나잖아···. 뭔데?)

A I won the _____! $20! (나 복권 당첨됐어! 20달러!)

B Let's go out. _____ is on you! (나가자. 점심은 네가 사는 거야!)

STEP 2

- **believe** | 믿다
  - → I believe you. (난 네 말을 믿어.)
  - → Can you believe this? (이걸 믿을 수 있겠니?)

- **scare** | 겁주다
  - → You scared me. (넌 날 겁줬어. / 놀랐잖아.)
  - → Don't scare the dog. (그 개를 겁주지 마.)

- **lottery** | 복권
  - → James won the lottery. (James는 복권에 당첨됐어.)
  - → I bought lottery tickets. (난 복권을 샀어.)

- **lunch** | 점심식사
  - → Let's have lunch. (점심 먹자.)
  - → I want pasta for lunch. (난 점심으로 파스타를 원해.)

A You won't believe this! (너 이거 못 믿을 거야!)

won't (동사원형) = (동사원형)하지 않을 거야

→ She won't give up. (그녀는 포기하지 않을 거야.)

→ They won't fire you. (그들은 널 해고하지 않을 거야.)

B You're scaring me···. What is it? (겁나잖아···. 뭔데?)

be동사 (~ing) = (~ing)하고 있다

→ They are screaming. (그들은 소리 지르고 있어.)

→ She is crying again. (그녀는 또 울고 있어.)

A I won the lottery! $20! (나 복권 당첨됐어! 20달러!)

win (명사) = (명사)를 따다, 타다

→ I won some money. (난 돈을 좀 땄어.)

→ She will win the award. (그녀가 그 상을 탈 거야.)

B Let's go out. Lunch is on you! (나가자. 점심은 네가 사는 거야!)

(식사) is on (명사). = (식사)는 (명사)가 낼 것이다.

→ Dinner is on me. (저녁은 내가 낼게.)

→ Brunch is on us. (브런치는 우리가 낼게요.)

DAY 7

복권 당첨된 친구

STEP 4

1 그들은 잊지 않을 거야. =_____

2 Mini는 노래를 부르고 있어. =_____

3 난 많은 돈을 땄어. =_____

4 점심은 Peter가 낼 거야. =_____

They won't forget. | Mini is singing a song. | I won a lot of money. | Lunch is on Peter.

STEP 1

A I'm looking for a _____. (향수를 찾고 있는데요.)

B This one is many men's _____. (이게 많은 남자들이 가장 좋아하는 거예요.)

B The _____ isn't too strong. (향이 너무 강하진 않죠.)

A Wow! I want one for _____! (와! 저도 하나 쓰고 싶네요!)

STEP 2

- **cologne** | 향수 (특히, 남자용)
  - → I bought a cologne for you. (널 위해 향수를 샀어.)
  - → The cologne smelled good. (그 향수는 좋은 냄새가 났어.)

- **favorite** | 가장 좋아하는 것
  - → This song is my favorite. (이 노래는 내가 가장 좋아하는 거야.)
  - → What's your favorite? (네가 가장 좋아하는 건 뭐니?)

- **scent** | 향
  - → It has no scent. (그건 향이 없어요.)
  - → It has a light scent. (그건 가벼운 향을 가지고 있어.)

- **myself** | 내 자신
  - → I know myself. (난 내 자신을 알아.)
  - → It's for myself. (그건 내 자신을 위한 거야.)

A **I'm looking for a cologne.** (향수를 찾고 있는데요.)

look for (명사) = (명사)를 찾으려 하다

→ I am looking for my wallet. (전 제 지갑을 찾고 있어요.)

→ We are looking for something. (우린 뭔가를 찾고 있어.)

B **This one is many men's favorite.** (이게 많은 남자들이 가장 좋아하는 거예요.)

many (복수명사) = 많은 (복수명사)들

→ I know many actors. (난 많은 배우들을 알아.)

→ It has many calories. (그건 많은 칼로리를 가지고 있어. / 칼로리가 높아.)

B **The scent isn't too strong.** (향이 너무 강하진 않죠.)

too (형용사) = 너무 (형용사)한

→ It's too late. (너무 늦었어.)

→ I came too early. (제가 너무 일찍 왔군요.)

A **Wow! I want one for myself!** (와! 저도 하나 쓰고 싶네요!)

want (명사) = (명사)를 원하다

→ I want your opinion. (난 네 의견을 원해.)

→ Mayu wants your support. (마유는 여러분의 성원을 원합니다.)

DAY 8
향수 쇼핑하기

STEP 4

1 난 내 고양이를 찾고 있어. =_____

2 난 많은 친구들을 가지고 있어. =_____

3 이건 너무 매워. =_____

4 난 네 도움을 원해. =_____

I am looking for my cat. | I have many friends. | This is too spicy. | I want your help.

STEP 1

A Check out this new ＿＿＿＿＿ app. (이 새로 나온 배달 앱 좀 살펴봐.)

B You can ＿＿＿＿ anything from food to water.
(음식에서 물까지 아무거나 주문할 수 있어.)

A Why don't we order some ＿＿＿＿＿? (우리 치킨 좀 주문하는 게 어때?)

B You totally ＿＿＿ my mind! (완전 내 마음을 읽었네!)

STEP 2

- **delivery** | 배달
  - → Try this delivery app. (이 배달 앱을 써봐.)
  - → Delivery is free. (배달은 무료입니다.)

- **order** | 주문하다
  - → I ordered it last week. (난 그걸 지난주에 주문했어.)
  - → Did you order some food? (음식 좀 주문했니?)

- **chicken** | 치킨, 닭
  - → I want some fried chicken. (난 튀긴 닭을 좀 원해.)
  - → I had boiled chicken. (난 삶은 닭을 먹었어.)

- **read** | 읽다
  - → Read this article. (이 기사를 읽어.)
  - → I already read it. (난 그걸 벌써 읽었어.)

A Check out this new delivery app. (이 새로 나온 배달 앱 좀 살펴봐.)

check out (명사) = (명사)를 살펴보다

→ Check out this picture. (이 사진 좀 살펴봐.)

→ I checked out your resume. (난 네 이력서를 살펴봤어.)

B You can order anything from food to water.

(음식에서 물까지 아무거나 주문할 수 있어.)

from (명사1) to (명사2) = (명사1)에서 (명사2)까지

→ I drove from Ilsan to Gangnam. (난 일산에서 강남까지 운전해서 갔어.)

→ We have everything from fried chicken to French fries.

(저희는 튀긴 닭부터 감자튀김까지 다 있습니다.)

A Why don't we order some chicken? (우리 치킨 좀 주문하는 게 어때?)

Why don't we (동사)? = 우리 (동사)하는 게 어때?

→ Why don't we drink wine? (우리 와인 마시는 게 어때?)

→ Why don't we invite Julian? (우리 Julian을 초대하는 게 어때?)

B You totally read my mind! (완전 내 마음을 읽었네!)

read (사람)'s mind = (사람)의 마음을 읽다

→ She read my mind. (그녀가 내 마음을 읽었어.)

→ I can read anyone's mind. (난 그 누구의 마음도 읽을 수 있어.)

STEP 4

1 이 집을 살펴봐. = _____

2 난 LA에서 San Diego까지 걸었어. = _____

3 우리 잠자리에 드는 게 어때? = _____

4 난 네 마음을 읽을 수 없어. = _____

Check out this house. | I walked from LA to San Diego. | Why don't we go to bed? | I can't read your mind.

렌터카 옵션 추가하기

여행

STEP 1

A Would you like a GPS _____ as well? (GPS 장치도 원하시나요?)

B _____! I don't want to get lost. (물론이죠! 길을 잃고 싶지는 않거든요.)

B How much is the _____? (그 옵션은 얼마인가요?)

A Don't _____. I'll just throw it in. (걱정 마세요. 그건 그냥 덤으로 드릴게요.)

STEP 2

- **device** | 장치
  - → This is a special device. (이건 특별한 장치입니다.)
  - → The GPS device is expensive. (그 GPS 장치는 비싸.)

- **definitely** | 당연히, 확실히
  - → She is definitely a singer. (그녀는 확실히 가수야.)
  - → You are definitely late. (넌 확실히 늦었어.)

- **option** | 옵션
  - → We have no option. (우린 옵션이 없어.)
  - → There are two options. (두 개의 옵션이 있어.)

- **worry** | 걱정하다
  - → Don't worry about Tina. (Tina에 대해 걱정하지 마.)
  - → Don't worry and be happy. (걱정 말고 행복하세요.)

A Would you like a GPS device as well? (GPS 장치도 원하시나요?)

Would you like (명사)? = (명사)를 원하시나요?

→ Would you like a massage? (마사지를 원하시나요?)

→ Would you like some juice? (주스를 좀 원하시나요?)

B Definitely! I don't want to get lost. (물론이죠! 길을 잃고 싶지는 않거든요.)

get lost = 길을 잃다

→ I got lost in the city. (난 그 도시에서 길을 잃었어.)

→ We got lost on the island. (우린 그 섬에서 길을 잃었어.)

B How much is the option? (그 옵션은 얼마인가요?)

How much is/are (명사)? = (명사)는 얼마인가요?

→ How much is this fan? (이 선풍기는 얼마인가요?)

→ How much are these socks? (이 양말은 얼마인가요?)

A Don't worry. I'll just throw it in. (걱정 마세요. 그건 그냥 덤으로 드릴게요.)

throw in (명사) = (명사)를 덤으로 주다

→ I'll throw in free samples. (무료 샘플을 덤으로 드릴게요.)

→ He threw this in for me. (그가 날 위해 이걸 덤으로 줬어.)

DAY 10

멘트가 옵션 추가하기

1 녹차를 좀 원하시나요? =_____

2 그녀는 또 길을 잃었어. =_____

3 이 풍선은 얼마예요? =_____

4 그는 마우스를 덤으로 줬어. =_____

Would you like some green tea? | She got lost again. | How much is this balloon? | He threw in a mouse.

잠 못 이루는 밤 I

_가정

STEP 1

A How come you are not _____? (당신 어째서 안 자고 있는 거예요?)

B I had too much coffee ____ _____. (회사에서 너무 많은 커피를 마셨어요.)

A Let's go see a _____ - _____ movie, then. (그럼 가서 심야영화 봐요.)

B That's a terrific _____! (멋진 아이디어예요!)

STEP 2

• **sleep** | 자다

→ I want to sleep. (난 자고 싶어.)

→ She slept for 10 hours. (그녀는 10시간 동안 잤어.)

• **at work** | 직장, 회사에서

→ We had a party at work. (우린 회사에서 파티를 했어.)

→ I fell asleep at work. (난 직장에서 잠들었어.)

• **late-night** | 심야의

→ Mayu loves late-night snacks. (마유는 심야의 다과를 좋아해. / 야참을 좋아해.)

→ I watched a late-night movie. (난 심야영화를 관람했어.)

• **idea** | 아이디어, 생각

→ That's an awesome idea. (그거 멋진 아이디어다.)

→ I have no idea. (난 아이디어가 없어. / 전혀 모르겠어.)

A **How come you are not sleeping?** (당신 어째서 안 자고 있는 거예요?)

How come (평서문)? = 어째서 (평서문)이야?

→ How come you are here? (너 어째서 여기 있는 거야?)

→ How come you didn't call me? (너 어째서 내게 전화 안 한 거야?)

B **I had too much coffee at work.** (회사에서 너무 많은 커피를 마셨어요.)

much (명사) = 많은 (명사)

→ I drank too much milk. (난 너무 많은 우유를 마셨어.)

→ He has too much work. (그는 너무 많은 일이 있어.)

A **Let's go see a late-night movie, then.** (그럼 가서 심야영화 봐요.)

go (동사원형) = 가서 (동사원형)하다

→ Go do your homework. (가서 네 숙제를 하렴.)

→ Go ask your teacher. (가서 너희 선생님께 물어봐.)

B **That's a terrific idea!** (멋진 아이디어예요!)

terrific = 멋진

→ That's a terrific plan! (그건 멋진 계획이야!)

→ It sounds terrific! (그것 참 멋지게 들리는 군!)

1 어째서 넌 또 늦은 거야? =_____

2 난 많은 물을 마시지 않았어. =_____

3 가서 네 친구들과 놀으렴. =_____

4 난 멋진 아이디어를 가지고 있어. =_____

How come you are late again? | I didn't drink much water. | Go play with your friends. | I have a terrific idea.

CHECK | 손영작 ☐ 입영작 ☐ 반복낭독 ☐ 수업 듣기 ☐

STEP 1

A You look so _____. (너 엄청 피곤해 보여.)

B I _____ a late-night movie with my husband. (남편이랑 심야영화 봤거든.)

A I guess you need some _____, then. (그럼 커피가 좀 필요하겠네.)

B No, I should stop _____ coffee. (아니야, 나 커피 그만 마셔야 해.)

STEP 2

• **tired** | 피곤한
  → Are you already tired? (너 벌써 피곤해?)
  → Your dog looks tired. (너희 개 피곤해 보여.)

• **watch** | 보다, 시청하다, 관람하다
  → We watched the show together. (우린 그 쇼를 같이 봤어.)
  → I am watching a TV drama. (난 TV 드라마를 시청하고 있어.)

• **coffee** | 커피
  → This coffee is strong. (이 커피는 강해. / 진해.)
  → I can't live without coffee. (난 커피 없이는 못 살아.)

• **drink** | 마시다
  → Did you drink a soda? (너 탄산음료 마셨니?)
  → I drank some wine. (난 와인을 좀 마셨어.)

A **You look so tired.** (너 엄청 피곤해 보여.)

look (형용사) = (형용사)해 보이다

→ You look depressed. (너 우울해 보여.)

→ She looked excited. (그녀는 신나 보였어.)

B **I watched a late-night movie with my husband.** (남편이랑 심야영화 봤거든.)

with (명사) = (명사)와

→ Come with your friends. (네 친구들이랑 와.)

→ Mayu is singing with Mini. (마유는 Mini랑 노래하고 있어.)

A **I guess you need some coffee, then.** (그럼 커피가 좀 필요하겠네.)

I guess (평서문). = (평서문)인가 보네.

→ I guess she is rich. (그녀는 부유한가 보네.)

→ I guess they forgot. (걔네가 잊었었나 보네.)

B **No, I should stop drinking coffee.** (아니야, 나 커피 그만 마셔야 해.)

stop (~ing) = (~ing)하는 걸 멈추다 / 그만 (~ing)하다

→ Stop singing the song. (그 노래 좀 그만해.)

→ You should stop eating. (너 그만 먹는 게 좋겠어.)

DAY 12

참 못 이루는 밤 II

1 너 졸려 보여. =_____

2 우린 EBS와 일하고 있어. =_____

3 그녀는 행복한가 보네. =_____

4 그만 울어! =_____

You look sleepy. | We are working with EBS. | I guess she is happy. | Stop crying!

오래가는 꽃

_쇼핑

STEP 1

A What are these _____ flowers? (이 작은 꽃들은 뭐예요?)

B These are _____ flowers. Aren't they pretty? (말린 꽃이에요. 예쁘지 않아요?)

A Yes, they are! Do they last _____? (네, 예뻐요! 영원히 지속되나요?)

B Well, no. But they do last a _____ time. (음, 아뇨. 하지만 오래가긴 해요.)

STEP 2

- **tiny** | 아주 작은
  → I saw a tiny bird. (난 아주 작은 새를 봤어.)
  → She has tiny feet. (그녀는 발이 아주 작아.)

- **dried** | 말린
  → I tasted the dried mango. (난 그 말린 망고를 맛봤어.)
  → These dried fruits are too sweet. (이 말린 과일들은 너무 달아.)

- **forever** | 영원히
  → I will love you forever. (난 널 영원히 사랑할 거야.)
  → We are best friends forever. (우린 영원히 가장 친한 친구야.)

- **long** | 오랜, 긴
  → It takes a long time. (그건 오랜 시간이 걸려.)
  → It was a long speech. (그건 긴 연설이었어.)

A **What are these tiny flowers?** (이 작은 꽃들은 뭐예요?)

these (복수명사) = 이 (복수명사)들

→ I like these colors. (난 이 색들이 마음에 들어.)

→ These keychains are mine. (이 열쇠고리들은 내 거야.)

B **These are dried flowers. Aren't they pretty?** (말린 꽃이에요. 예쁘지 않아요?)

Aren't (주어) (형용사)? = (주어)는 (형용사)하지 않니?

→ Aren't they rude? (그들은 무례하지 않니?)

→ Aren't you happy? (너 행복하지 않니?)

A **Yes, they are! Do they last forever?** (네, 예뻐요! 영원히 지속되나요?)

Do/Does (주어) (동사원형)? = (주어)는 (동사원형)하니?

→ Do you go to this school? (너 이 학교에 다니니?)

→ Does he work here? (그가 여기에서 일하니?)

B **Well, no. But they do last a long time.** (음, 아뇨. 하지만 오래가긴 해요.)

do/does (동사원형) = 진짜로 (동사원형)한다 / (동사원형)하긴 한다

→ I do study hard. (나 진짜로 열심히 공부해.)

→ She does call me every day. (그녀가 내게 매일 전화하긴 해.)

DAY 13

오래가는 꽃

1 이 펜들은 Mini의 거야. = _____

2 너 배고프지 않니? = _____

3 너 너희 부모님과 사니? = _____

4 나 맥주 마시긴 해. = _____

These pens are Mini's. | Aren't you hungry? | Do you live with your parents? | I do drink beer.

배불러도 디저트는 오케이
_식당_

CHECK | 손영작 □ 입영작 □ 반복낭독 □ 수업 듣기 □

STEP 1

A Oh, my goodness···. I am so _____! (오, 맙소사···. 나 엄청 배불러!)

B So am ___! (나도 배불러!)

A Are you up for a cup of coffee and some _____?
(커피 한 잔이랑 디저트 좀 먹을래?)

B I was going to say the _____ thing! (나도 똑같은 말하려고 했는데!)

STEP 2

- **stuffed** | 배부른
  - → I am really stuffed. (나 정말 배불러.)
  - → Are you already stuffed? (너 벌써 배불러?)

- **I** | 나(주어)
  - → Amy and I went to the party. (Amy와 난 그 파티에 갔어.)
  - → I like him and he likes me. (난 그를 좋아하고 그는 날 좋아해.)

- **dessert** | 디저트
  - → They make great dessert here. (여기 디저트 잘 만들어.)
  - → I can't eat any dessert. (나 아무 디저트도 못 먹어.)

- **same** | 똑같은
  - → They are the same. (그것들은 똑같아.)
  - → I have the same watch. (나도 똑같은 시계 있어.)

A Oh, my goodness····. I am so stuffed! (오, 맙소사····. 나 엄청 배불러!)

so (형용사) = 엄청 (형용사)한

→ I was so surprised. (나 엄청 놀랐어.)

→ She is so beautiful. (그녀는 엄청 아름다워.)

B So am I! (나도 배불러!)

So be동사 (주어). = (주어)도 마찬가지로 그래.

→ So are we! (우리도 마찬가지로 그래!)

→ So is she. (그녀도 마찬가지로 그래.)

A Are you up for a cup of coffee and some dessert?

(커피 한 잔이랑 디저트 좀 먹을래?)

up for (명사) = (명사)에 관심 있는 / (명사)에 참여할 의향이 있는

→ Are you up for some wine? (와인 좀 마실래?)

→ I am up for anything. (난 아무거나 좋아.)

B I was going to say the same thing! (나도 똑같은 말하려고 했는데!)

was/were going to (동사원형) = (동사원형)하려고 했다

→ I was going to call you. (나 너한테 전화하려고 했는데.)

→ We were going to have lunch. (우리 점심 먹으려고 했어.)

STEP 4

1 당신은 엄청 무례하군요. =＿＿＿＿＿＿＿＿＿＿＿＿＿＿＿＿

2 그들도 마찬가지로 그래. =＿＿＿＿＿＿＿＿＿＿＿＿＿＿＿＿

3 너 브런치 먹을래? =＿＿＿＿＿＿＿＿＿＿＿＿＿＿＿＿＿＿

4 나 포기하려고 했어. =＿＿＿＿＿＿＿＿＿＿＿＿＿＿＿＿＿＿

You are so rude. | So are they. | Are you up for brunch? | I was going to give up.

공항에서 질문하기

CHECK | 손영작 ☐ 입영작 ☐ 반복낭독 ☐ 수업 듣기 ☐

STEP 1

A Excuse me. Where are the duty-free _____?
(실례합니다. 면세상점들이 어디 있나요?)

B They are upstairs, but you need your _____ _____.
(위층에 있는데 탑승권이 필요해요.)

A I should _____ __ first, then. (그럼 탑승수속부터 하는 게 좋겠네요.)

B You can check your _____ downstairs. (아래층에서 짐을 부칠 수 있어요.)

STEP 2

• **shop** | 상점, 숍
  → Where's the nail shop? (그 네일 숍이 어디에 있나요?)
  → Visit our shop in LA. (LA에 있는 저희 상점을 방문하세요.)

• **boarding pass** | 탑승권
  → Here's your boarding pass. (여기 손님 탑승권입니다.)
  → I have lost my boarding pass. (제 탑승권을 잃어버렸어요.)

• **check in** | 탑승수속을 하다
  → I already checked in. (전 이미 탑승수속을 했어요.)
  → You can check in early. (일찍 탑승수속을 하셔도 돼요.)

• **baggage** | 짐
  → I have a lot of baggage. (전 짐이 많아요.)
  → She has lost her baggage. (그녀는 짐을 분실했습니다.)

A Excuse me. Where are the duty-free shops?

(실례합니다. 면세상점들이 어디 있나요?)

Where are (복수명사)? = (복수명사)들이 어디에 있나요?

→ Where are your students? (당신 학생들은 어디에 있나요?)

→ Where are the chairs? (그 의자들은 어디에 있나요?)

B They are upstairs, but you need your boarding pass.

(위층에 있는데 탑승권이 필요해요.)

upstairs = 위층에 있는, 위층으로, 위층에서, 위층

→ I am upstairs. (나 위층에 있어.)

→ They are playing upstairs. (걔네는 위층에서 놀고 있어.)

A I should check in first, then. (그럼 탑승수속부터 하는 게 좋겠네요.)

should (동사원형) = (동사원형)하는 게 좋겠다 / 해야 한다

→ You should walk every day. (너 매일 걸어야 해.)

→ I should be careful. (나 조심하는 게 좋겠어.)

B You can check your baggage downstairs. (아래층에서 짐을 부칠 수 있어요.)

downstairs = 아래층에 있는, 아래층으로, 아래층에서, 아래층

→ Are you downstairs? (너 아래층에 있니?)

→ The kitchen is downstairs. (부엌은 아래층에 있어.)

DAY 15

공항에서 질문하기

1 너희 부모님은 어디 계셔? =_____

2 저희 위층에 있어요. =_____

3 너 잠자리에 드는 게 좋겠어. =_____

4 마유는 아래층에 있니? =_____

Where are your parents? | We are upstairs. | You should go to bed. | Is Mayu downstairs?

CHECK | 손영작 ☐ 입영작 ☐ 반복낭독 ☐ 수업 듣기 ☐

STEP 1

A Why are you sneezing and _____? (왜 재채기하고 기침하고 있는 거니?)
B I think I have a bad _____. (독한 감기에 걸린 거 같아요.)
A Take these _____ and go to bed early. (이 알약들 먹고 일찍 잠자리에 들으렴.)
B I should go to the _____ _____ tomorrow. (내일 병원 가는 게 좋겠어요.)

STEP 2

• **cough** | 기침하다
→ He keeps coughing. (그가 계속 기침해.)
→ Why are you coughing? (너 왜 기침하고 있는 거니?)

• **cold** | 감기
→ I have a cold. (저 감기 걸렸어요.)
→ Don't catch a cold. (감기 걸리지 마.)

• **pill** | 알약
→ Take two pills a day. (하루에 알약 두 개를 복용하세요.)
→ I already took the pills. (나 벌써 그 알약들 복용했어.)

• **doctor's office** | 병원
→ I went to the doctor's office today. (나 오늘 병원 갔어.)
→ Where's the doctor's office? (그 병원이 어디에 있는데?)

A **Why are you sneezing and coughing?** (왜 재채기하고 기침하고 있는 거니?)

Why are you (~ing)? = 너 왜 (~ing)하고 있니?

→ Why are you laughing? (너 왜 웃고 있니?)

→ Why are you running? (너 왜 달리고 있니?)

B **I think I have a bad cold.** (독한 감기에 걸린 거 같아요.)

have a cold = 감기에 걸린 상태다

→ My son has a cold. (내 아들은 감기에 걸린 상태야. / 걸렸어.)

→ Do you have a cold? (너 감기에 걸린 상태니? / 걸렸니?)

A **Take these pills and go to bed early.** (이 알약들 먹고 일찍 잠자리에 들으렴.)

go to bed = 잠자리에 들다

→ Go to bed now! (지금 잠자리에 들어!)

→ I went to bed late. (나 잠자리에 늦게 들었어.)

B **I should go to the doctor's office tomorrow.** (내일 병원 가는 게 좋겠어요.)

should (동사원형) = (동사원형)하는 게 좋겠다 / 해야 한다

→ We should lose weight. (우리 살 빼야겠어.)

→ You should stop farting. (너 그만 방귀 끼는 게 좋겠다.)

DAY 16

독한 감기에 걸린 이틀

1 너 왜 춤추고 있는 거니? =_____

2 우리 아버지는 감기에 걸린 상태야. =_____

3 난 잠자리에 들고 싶지 않아. =_____

4 우리 운동하는 게 좋겠어.=_____

Why are you dancing? | My father has a cold. | I don't want to go to bed. | We should exercise.

분실 카드 신고

CHECK | 손영작 ☐ 입영작 ☐ 반복낭독 ☐ 수업 듣기 ☐

STEP 1

A I'm _____ a lost credit card. (분실된 신용카드를 신고하려는데요.)

A Can you _____ any charges on it? (카드에 붙는 청구금을 막아줄 수 있나요?)

B I can _____ you with that. (그것에 대해 도와드릴 수 있죠.)

B First, I need your _____ _____. (먼저, 고객님의 성함 전체가 필요합니다.)

STEP 2

- **report** | 보고하다, 신고하다
  - → Report back to me. (내게 도로 보고해.)
  - → I just reported a lost watch. (난 방금 분실된 시계를 신고했어.)

- **block** | 막다
  - → My best friend blocked me. (내 가장 친한 친구가 날 막았어. (소셜미디어 등에서))
  - → They blocked the road. (그들이 그 길을 막았어.)

- **help** | 도와주다
  - → I helped my neighbor. (난 내 이웃주민을 도와줬어.)
  - → We are helping poor children. (우린 불쌍한 아이들을 도와주고 있어.)

- **full name** | 이름 전체
  - → What's your full name? (성함 전체가 어떻게 되죠?)
  - → Write your full name here. (성함 전체를 여기에 쓰세요.)

A I'm reporting a lost credit card. (분실된 신용카드를 신고하려는데요.)

be동사 (~ing) = (~ing)하고 있다

→ I am looking for sneakers. (전 운동화를 찾고 있어요.)

→ Are you having dinner? (너 저녁 먹고 있니?)

A Can you block any charges on it? (카드에 붙는 청구금을 막아줄 수 있나요?)

Can you (동사원형)? = (동사원형)할 수 있니?

→ Can you help me out? (날 거들어줄 수 있니?)

→ Can you stop burping? (너 트림 좀 그만할 수 있겠니?)

B I can help you with that. (그것에 대해 도와드릴 수 있죠.)

help (사람) with (명사) = (명사)에 대해 (사람)을 도와주다

→ Help me with my homework. (내 숙제에 대해 날 좀 도와줘.)

→ Mayu is helping me with my English.
(마유가 내 영어에 대해 날 도와주고 있어.)

B First, I need your full name. (먼저, 고객님의 성함 전체가 필요합니다.)

First, = 먼저, / 우선,

→ First, remember this. (우선, 이걸 기억해.)

→ First, wash your hands. (먼저, 손을 씻어.)

DAY 17

분실 카드 신고

1 Jake는 수영을 하고 있어. = _____

2 너 너희 언니 초대할 수 있니? = _____

3 난 네 에세이에 대해 널 도와줄 수 있어. = _____

4 우선, 화장실에 가. = _____

First, go to the bathroom.
Jake is swimming. | Can you invite your sister? | I can help you with your essay. |

CHECK | 손영작 ☐ 입영작 ☐ 반복낭독 ☐ 수업 듣기 ☐

STEP 1

A I can't find my _____ eyeshadow.
(제가 가장 좋아하는 아이섀도를 못 찾겠네요.)

A It's made by Mayu _____. (마유 스킨이 만드는 건데요.)

B Oh, they don't make it _____. (아, 그건 더 이상 안 만들어요.)

B We do have _____ ones, though. (그래도 비슷한 것들이 있긴 해요.)

STEP 2

- **favorite** | 가장 좋아하는
  - → Who's your favorite teacher? (네가 가장 좋아하는 선생님은 누구니?)
  - → Pink is my favorite color. (핑크가 내가 가장 좋아하는 색이야.)

- **skin** | 피부
  - → The baby's skin was smooth. (그 아기의 피부는 매끄러웠어.)
  - → My skin is dry. (내 피부는 건조해.)

- **anymore** | 더 이상은
  - → I can't eat anymore. (난 더 이상은 못 먹겠어.)
  - → She doesn't work here anymore. (그녀는 더 이상은 여기서 일 안 해요.)

- **similar** | 비슷한
  - → I have a similar problem. (나도 비슷한 문제가 있어.)
  - → The colors were similar. (그 색들은 비슷했어.)

A I can't find my favorite eyeshadow.

(제가 가장 좋아하는 아이섀도를 못 찾겠네요.)

can't (동사원형) = (동사원형)할 수 없다

→ I can't find my charger. (내 충전기를 못 찾겠어.)

→ I can't be sure. (난 확신할 수가 없어.)

A It's made by Mayu Skin. (마유 스킨이 만드는 건데요.)

made by (명사) = (명사)에 의해 만들어진

→ This phone is made by Samchon. (이 전화기는 Samchon에 의해 만들어져.)

→ Is this printer made by RG? (이 프린터는 RG에 의해 만들어지니?)

B Oh, they don't make it anymore. (아, 그건 더 이상 안 만들어요.)

don't/doesn't (동사원형) = (동사원형)하지 않는다

→ I don't work here. (저 여기서 일 안 해요.)

→ Mayu doesn't like carrots. (마유는 당근을 안 좋아해.)

B We do have similar ones, though. (그래도 비슷한 것들이 있긴 해요.)

(평서문), though. = 그래도 (평서문)이에요.

→ I want it, though. (그래도 전 그걸 원하는데요.)

→ It's cold, though. (그래도 춥잖아.)

1 난 여기에 머물 수 없어. =_____

2 이 모니터는 우리 회사에 의해 만들어져. =_____

3 우린 같이 안 살아. =_____

4 그래도 덥잖아. =_____

I can't stay here. | This monitor is made by our company. | We don't live together.
It's hot, though.

STEP 1

A Is there anything for _____ here? (여기 채식주의자들을 위한 게 뭐라도 있나요?)
B We have _____ salmon salad. (훈제 연어 샐러드가 있습니다.)
A Well… I can't eat _____, either. (음… 전 생선도 못 먹어요.)
B We can take the _____ out. (연어를 빼드릴 수 있어요.)

STEP 2

• **vegan** | (엄격한) 채식주의자, 채식주의자인
  → My sisters are vegans. (우리 언니들은 채식주의자야.)
  → Are you really vegan? (너 정말 채식주의자니?)

• **smoked** | 훈제한
  → This is smoked cheese. (이건 훈제 치즈야.)
  → I like smoked chicken. (난 훈제 치킨을 좋아해.)

• **fish** | 생선, 물고기
  → Michael doesn't eat fish. (Michael은 생선을 안 먹어.)
  → Eat fish instead of pork. (돼지고기 대신 생선을 먹어.)

• **salmon** | 연어
  → Mayu loves salmon. (마유는 연어를 사랑해.)
  → Salmon is expensive. (연어는 비싸.)

A Is there anything for vegans here?

(여기 채식주의자들을 위한 게 뭐라도 있나요?)

Is there (명사)? = (명사)가 있나요?

→ Is there a problem? (문제가 있나요?)

→ Is there water in the refrigerator? (냉장고 안에 물이 있나요?)

B We have smoked salmon salad. (훈제 연어 샐러드가 있습니다.)

have (명사) = (명사)를 가지고 있다 / (명사)가 있다

→ We have sunglasses for kids. (저희는 아이용 선글라스가 있어요.)

→ They have a lot of cash. (그들은 많은 현금을 가지고 있어.)

A Well··· I can't eat fish, either. (음··· 전 생선도 못 먹어요.)

(부정문), either. = 마찬가지로 (부정문)이에요.

→ I don't like you, either. (나도 널 안 좋아해.)

→ I am not thirsty, either. (난 목이 마르지도 않아.)

B We can take the salmon out. (연어를 빼드릴 수 있어요.)

take (명사) out = (명사)를 빼다, 꺼내다

→ Could you take this out? (이걸 빼주시겠어요?)

→ Could you take the cilantro out? (고수를 빼주시겠어요?)

STEP 4

1 여기 ATM이 있나요? = _____

2 너 5달러 있니? = _____

3 전 사과도 안 먹어요. = _____

4 저희는 그걸 빼드릴 수 있어요. = _____

Is there an ATM here? | Do you have $5? | I don't eat apples, either. | We can take it out.

CHECK | 손영작 ☐ 입영작 ☐ 반복낭독 ☐ 수업 듣기 ☐

STEP 1

A My boyfriend and I are visiting Hong Kong _____ _____.
(남자 친구랑 나 다음 주에 홍콩 방문해.)

B Good for you! Make sure to ___ _____ there. (잘됐다! 거기서 꼭 쇼핑하러 가.)

A It's my first time to _____ abroad. (나 해외로 여행하는 거 처음이야.)

B You _____ have a blast! (엄청 즐거운 시간 보낼 거야!)

STEP 2

• **next week** | 다음 주에, 다음 주

→ I'll see you next week. (다음 주에 보자.)

→ She is leaving next week. (그녀는 다음 주에 떠나.)

• **go shopping** | 쇼핑하러 가다

→ Let's go shopping tomorrow. (내일 쇼핑하러 가자.)

→ I went shopping with my brother. (난 내 남동생과 쇼핑하러 갔어.)

• **travel** | 여행하다, 이동하다

→ I want to travel everywhere. (난 모든 곳을 여행하고 싶어.)

→ They travelled abroad. (그들은 해외로 여행했어.)

• **will** | ~할 것이다

→ She will pay cash. (그녀는 현금을 낼 거예요.)

→ You will be surprised. (넌 놀랄 거야.)

A **My boyfriend and I are visiting Hong Kong next week.**

(남자 친구랑 나 다음 주에 홍콩 방문해.)

be동사 (~ing) = (~ing)해

→ Mini is coming back soon. (Mini는 곧 돌아와.)

→ They are throwing a party. (그들은 파티를 열어.)

B **Good for you! Make sure to go shopping there.**

(잘됐다! 거기서 꼭 쇼핑하러 가.)

Make sure to (동사원형). = 꼭 (동사원형)해.

→ Make sure to brush your teeth. (이를 꼭 닦아.)

→ Make sure to practice hard. (꼭 열심히 연습해.)

A **It's my first time to travel abroad.** (나 해외로 여행하는 거 처음이야.)

It's my first time to (동사원형). = 저 (동사원형)하는 거 처음이에요.

→ It's my first time to snowboard. (저 스노보드 타는 거 처음이에요.)

→ It's my first time to eat kimchi. (저 김치 먹는 거 처음이에요.)

B **You will have a blast!** (엄청 즐거운 시간 보낼 거야!)

have a blast = 엄청 즐거운 시간을 보내다

→ I had a blast last night. (나 어젯밤에 엄청 즐거운 시간 보냈어.)

→ Did you have a blast? (너 엄청 즐거운 시간 보냈니?)

1 그들은 부산으로 이사해. =_____

2 꼭 샤워해. =_____

3 저 영어 배우는 거 처음이에요. =_____

4 내 아내와 난 엄청 즐거운 시간을 보냈어. =_____

They are moving to Busan. | Make sure to take a shower. | It's my first time to learn English. | My wife and I had a blast.

시험 망친 아들

가정

STEP 1

A I bombed the _____ test. I got a C. (저 과학시험 망쳤어요. C 받았어요.)

B Well, that's not so _____. (음, 그렇게 나쁘진 않네.)

A I stayed up for 2 _____. (이틀 동안 밤 샜단 말이에요.)

B At least, you did your _____. (적어도 최선을 다했잖니.)

STEP 2

• **science** | 과학

→ I majored in science. (난 과학을 전공했어.)

→ My son hates science. (내 아들은 과학을 싫어해.)

• **bad** | 나쁜

→ I have bad grades. (난 나쁜 성적을 가지고 있어. / 난 성적이 안 좋아.)

→ He is a bad person. (그는 나쁜 사람이야.)

• **night** | 밤

→ I stayed there for 3 nights. (난 거기에서 3일 밤을 머물렀어.)

→ She came back at night. (그녀는 밤에 돌아왔어.)

• **best** | 최선

→ Do your best! (최선을 다해!)

→ He didn't do his best. (그는 최선을 다하지 않았어.)

A **I bombed the science test. I got a C.** (저 과학시험 망쳤어요. C 받았어요.)

get a (철자로 된 점수) = (철자로 된 점수)를 받다

→ I got a B. (난 B를 받았어.)

→ My sister got an A. (우리 언니는 A를 받았어.)

B **Well, that's not so bad.** (음, 그렇게 나쁘진 않네.)

not so (형용사) = 그렇게 (형용사)하지는 않은

→ This car is not so slow. (이 차는 그렇게 느리지는 않아.)

→ The movie was not so funny. (그 영화는 그렇게 웃기진 않았어.)

A **I stayed up for 2 nights.** (이틀 동안 밤 샜단 말이에요.)

stay up = 깨어 있다

→ I stayed up for 24 hours. (난 24시간 동안 깨어 있었어.)

→ We stayed up all night. (우린 밤 내내 깨어 있었어. / 밤 샜어.)

B **At least, you did your best.** (적어도 최선을 다했잖니.)

at least = 적어도

→ At least, I have a girlfriend. (적어도, 난 여자 친구가 있어.)

→ At least, you are smart. (적어도, 넌 똑똑하잖아.)

DAY 21

시험 망친 이틀

1 난 A를 받고 싶어. = _____

2 그는 그렇게 게으르지는 않아. = _____

3 난 48시간 동안 깨어 있었어. = _____

4 적어도, 넌 친구들이 있잖아. = _____

I want to get an A. | He is not so lazy. | I stayed up for 48 hours. | At least, you have friends.

창업한 친구

CHECK | 손영작 ☐ 입영작 ☐ 반복낭독 ☐ 수업 듣기 ☐

STEP 1

A Congratulations on your new _____! (새로운 사업 축하해!)

A You must be _____ of yourself! (네 자신이 자랑스럽겠다!)

B Well, I still can't _____ it. (음, 나 아직도 못 믿겠어.)

B I hope I get many _____. (손님들이 많으면 좋겠어.)

STEP 2

- **business** | 사업, 사업체
  → I want to start a business. (난 사업을 시작하고 싶어.)
  → His business is growing. (그의 사업은 성장하고 있어.)

- **proud** | 자랑스러운
  → I am so proud. (난 엄청 자랑스러워.)
  → She is proud of herself. (그녀는 스스로를 자랑스러워 해.)

- **believe** | 믿다
  → I don't believe you. (난 널 안 믿어.)
  → Please believe me. (날 믿어줘.)

- **customer** | 손님
  → They have many customers. (그들은 손님이 많아.)
  → We had a rude customer. (무례한 손님이 있었어.)

A **Congratulations on your new business!** (새로운 사업 축하해!)

Congratulations on (명사)! = (명사)에 대해 축하해! / (명사)를 축하해!

→ Congratulations on your wedding! (결혼을 축하해!)

→ Congratulations on your success! (성공을 축하해요!)

A **You must be proud of yourself!** (네 자신이 자랑스럽겠다!)

must be (형용사) = 분명히 (형용사)할 것이다

→ You must be upset. (기분 상했겠다.)

→ You must be proud of your son. (아드님이 자랑스러우시겠어요.)

B **Well, I still can't believe it.** (음, 나 아직도 못 믿겠어.)

still = 여전히, 아직도

→ I still don't understand. (난 아직도 이해가 안 가.)

→ We are still hungry. (우린 여전히 배고파.)

B **I hope I get many customers.** (손님들이 많으면 좋겠어.)

I hope (평서문). = (평서문)이길 바라. / (평서문)이면 좋겠어.

→ I hope you like our show. (여러분이 저희 쇼를 좋아하시면 좋겠어요.)

→ I hope you succeed. (네가 성공하길 바라.)

1 너의 졸업을 축하해! = _____

2 너 분명히 춥겠다. = _____

3 난 여전히 졸려. = _____

4 그녀가 내게 전화하면 좋겠어. = _____

Congratulations on your graduation! | You must be cold. | I am still sleepy. | I hope she calls me.

전기면도기 구입

STEP 1

A I want this _____ shaver. (이 전기면도기를 원하는데요.)

A How many _____ do I need for this? (이거 건전지 몇 개가 필요한가요?)

B You need two _____ batteries. (AAA 건전지 두 개가 필요해요.)

B I recommend _____ batteries. (충전건전지를 추천합니다.)

STEP 2

- **electric** | 전기의
  - → Look at this electric motor! (이 전기모터를 봐!)
  - → Electric shavers are expensive. (전기면도기는 비싸.)

- **battery** | 건전지
  - → You need new batteries. (넌 새 건전지가 필요해.)
  - → I replaced the battery. (난 그 건전지를 교체했어.)

- **AAA** | (건전지가) AAA 사이즈인
  - → I need a AAA battery. (난 AAA 사이즈 건전지가 필요해.)
  - → Do you have AAA batteries? (AAA 사이즈 건전지 있나요?)

- **rechargeable** | 재충전되는
  - → These are rechargeable batteries. (이것들은 충전건전지예요.)
  - → It is completely rechargeable. (그건 완전 충전이 돼요.)

A I want this electric shaver. (이 전기면도기를 원하는데요.)

want (명사) = (명사)를 원하다

→ I want your support. (전 당신의 지지를 원해요.)

→ I want a bacon cheeseburger. (전 베이컨 치즈 햄버거를 원해요.)

A How many batteries do I need for this? (이거 건전지 몇 개가 필요한가요?)

How many (복수명사) = 얼마나 많은 (복수명사)들 / (복수명사) 몇 개

→ How many friends do you have? (넌 친구가 몇 명이니?)

→ How many pages did you read? (넌 몇 페이지를 읽었니?)

B You need two AAA batteries. (AAA 건전지 두 개가 필요해요.)

need (명사) = (명사)를 필요로 하다

→ I need some cash. (난 현금이 좀 필요해.)

→ We need more members. (우린 더 많은 멤버가 필요해.)

B I recommend rechargeable batteries. (충전건전지를 추천합니다.)

I recommend (명사). = 전 (명사)를 추천합니다.

→ I recommend this plan. (전 이 플랜을 추천합니다.)

→ I recommend Mayu's books. (전 마유의 책들을 추천해요.)

DAY 23

전기면도기 구입

STEP 4

1 너 이 쿠키를 원하니? =_____

2 넌 가방 몇 개를 가지고 있니? =_____

3 그녀는 네가 필요해. =_____

4 전 이 목걸이를 추천합니다. =_____

I recommend this necklace.

Do you want this cookie? | How many bags do you have? | She needs you.

친구에게 한턱내기

_식당_

CHECK | 손영작 □ 입영작 □ 반복낭독 □ 수업 듣기 □

STEP 1

A Do you want to split the _____? (계산서 나눠 낼래?)

B I _____ took care of it. (내가 그거 벌써 처리했어.)

B It's my birthday _____ for you. (널 위한 내 생일 선물이야.)

A Oh, you shouldn't have! Thanks, _____! (오, 안 그래도 됐는데! 고마워, 친구!)

STEP 2

- **bill** | 계산서, 청구서
  - → I paid the bill. (제가 그 계산서를 냈어요.)
  - → Where's the bill? (계산서가 어디 있죠?)

- **already** | 벌써, 이미
  - → The CEO is already here. (CEO가 이미 여기 와 있어.)
  - → Are you already in Korea? (너 벌써 한국에 와 있니?)

- **present** | 선물
  - → I have a present for you. (널 위한 선물이 있어.)
  - → Is this present for me? (이건 선물은 날 위한 거니?)

- **buddy** | 친구
  - → This is my buddy. (얘는 내 친구야.)
  - → Hey, buddy! (이봐, 친구!)

A Do you want to split the bill? (계산서 나눠 낼래?)

split the bill = 계산서를 나눠 내다

→ Let's split the bill. (계산서를 나눠 내자.)

→ They split the bill. (그들은 계산서를 나눠 냈어.)

B I already took care of it. (내가 그거 벌써 처리했어.)

take care of (명사) = (명사)를 처리하다, 돌보다

→ I took care of the problem. (난 그 문제를 처리했어.)

→ Can you take care of it? (너 그거 처리할 수 있니?)

B It's my birthday present for you. (널 위한 내 생일 선물이야.)

for (명사) = (명사)를 위한, 위해

→ This poem is for you. (이 시는 널 위한 거야.)

→ I am not working for money. (난 돈을 위해 일하고 있는 게 아니야.)

A Oh, you shouldn't have! Thanks, buddy! (오, 안 그래도 됐는데! 고마워, 친구!)

You shouldn't have! = 그러지 말았어야 했는데! / 안 그래도 됐는데!

→ Here's some money. / Oh, you shouldn't have.
(여기 돈 좀 있다. / 오, 안 그래도 됐는데!)

→ You shouldn't have! Thank you, honey! (안 그래도 됐는데! 고마워요, 자기야!)

DAY 24

친구에게 한턱내기

1 우린 계산서를 나눠 냈어. =_____

2 난 그걸 처리할 수 있어. =_____

3 이 노래는 우리 어머니를 위한 거야. =_____

4 안 그래도 됐는데! =_____

We split the bill. | I can take care of it. | This song is for my mother. | You shouldn't have!

숙박 집에 머물기

STEP 1

A If you need anything, just knock on my _____.
(뭐라도 필요하시면 제 문에 노크만 하세요.)

B Will do. It's a _____ house by the way. (그럴게요. 그나저나 아름다운 집이에요.)

B I love the cozy _____ _____. (아늑한 거실이 너무 좋아요.)

A My grandfather _____ this place in 1965.
(저희 할아버지가 이곳을 1965년에 지으셨어요.)

STEP 2

• **door** | 문
  → The door is broken. (그 문은 고장 났어.)
  → Don't kick the door! (그 문을 차지 마!)

• **beautiful** | 아름다운
  → What a beautiful day! (엄청 아름다운 날이다!)
  → You are so beautiful to me. (당신은 내게 엄청 아름다워요.)

• **living room** | 거실
  → They have a huge living room. (걔네는 엄청 거실이 커.)
  → Where's the living room? (거실은 어디죠?)

• **build** | 짓다
  → We want to build a castle. (우린 성을 짓고 싶어.)
  → Who built this place? (누가 이곳을 지었죠?)

A If you need anything, just knock on my door.
(뭐라도 필요하시면 제 문에 노크만 하세요.)
knock on (명사) = (명사)에 노크하다
→ Someone knocked on my door. (누군가 내 문에 노크했어.)
→ Stop knocking on the door. (문 좀 그만 노크해.)

B Will do. It's a beautiful house by the way.
(그럴게요. 그나저나 아름다운 집이에요.)
by the way = 그나저나
→ By the way, I have time today. (그나저나, 나 오늘 시간 있어.)
→ I am leaving today by the way. (그나저나, 나 오늘 떠나.)

B I love the cozy living room. (아늑한 거실이 너무 좋아요.)
love (명사) = (명사)를 사랑하다 / 너무 좋아하다
→ I love WCB English. (난 왕초보영어가 너무 좋아.)
→ My wife loves tuna. (내 아내는 참치를 사랑해.)

A My grandfather built this place in 1965.
(저희 할아버지가 이곳을 1965년에 지으셨어요.)
in (년도) = (년도)에
→ My daughter was born in 2000. (내 딸은 2000년에 태어났어.)
→ She graduated in 2010. (그녀는 2010년에 졸업했어.)

1 네가 내 문에 노크했니? =_____
2 그나저나, 난 오늘 바빠. =_____
3 난 해산물을 사랑해. =_____
4 난 2012년에 이탈리아를 방문했어. =_____

I visited Italy in 2012.
Did you knock on my door? | By the way, I am busy today. | I love seafood. |

STEP 1

A What do you say we _____ some food? (우리 음식 좀 주문하는 게 어때요?)

B Do you know what _____ it is? (몇 시인지 알아요?)

B Besides, you are on a _____. (게다가, 당신 다이어트 중이잖아요.)

A Can't you give me a _____? (좀 봐주면 안 돼요?)

STEP 2

- **order** | 주문하다, 명령하다
  - → I ordered an internet cable. (난 인터넷 케이블을 주문했어.)
  - → I am ready to order. (저 주문할 준비됐어요.)

- **time** | 시간
  - → What time is it now? (지금 몇 시야?)
  - → Can you make time? (너 시간 낼 수 있니?)

- **diet** | 다이어트, 식습관
  - → You need a balanced diet. (당신은 균형 잡힌 식습관이 필요합니다.)
  - → Are you on a diet? (너 다이어트 중이니?)

- **break** | 휴식
  - → We need a break. (우린 휴식이 필요해.)
  - → Let's take a break. (휴식을 갖자. / 쉬자.)

A **What do you say we order some food?** (우리 음식 좀 주문하는 게 어때요?)

What do you say we (동사)? = 우리 (동사)하는 게 어때?

→ What do you say we study together? (우리 같이 공부하는 게 어때?)

→ What do you say we visit your parents? (우리 너희 부모님 방문하는 게 어때?)

B **Do you know what time it is?** (몇 시인지 알아요?)

what time it is = 몇 시인지

→ I don't know what time it is. (난 몇 시인지 모르겠어.)

→ Tell me what time it is. (몇 시인지 내게 말해줘.)

B **Besides, you are on a diet.** (게다가, 당신 다이어트 중이잖아요.)

Besides, = 게다가, 그것도 그렇고,

→ Besides, it's free! (게다가, 그건 무료야!)

→ Besides, he doesn't like math. (그것도 그렇고, 걔는 수학을 안 좋아해.)

A **Can't you give me a break?** (좀 봐주면 안 돼요?)

Can't you (동사원형)? = (동사원형)하면 안 돼?

→ Can't you be quiet? (조용히 해주면 안 되겠니?)

→ Can't you stop? (그만 좀 하면 안 되겠니?)

1 우리 영화 보는 게 어때? =＿＿＿＿＿＿＿＿＿＿＿＿

2 몇 시인지 Jane에게 물어봐. =＿＿＿＿＿＿＿＿＿＿＿＿

3 그것도 그렇고, 너무 늦었어. =＿＿＿＿＿＿＿＿＿＿＿＿

4 걔 좀 봐주면 안 되겠니? =＿＿＿＿＿＿＿＿＿＿＿＿

Can't you give him/her a break?

What do you say we watch a movie? | Ask Jane what time it is. | Besides, it's too late. |

친구의 사랑 고백

CHECK | 손영작 ☐ 입영작 ☐ 반복낭독 ☐ 수업 듣기 ☐

STEP 1

A I have a crush on my _____ _____. (나 내 가장 친한 친구를 짝사랑하고 있어.)

B Are you _____? Who is it? (진심이야? 그게 누군데?)

A You _____ you are my best friend. (네가 내 가장 친한 친구인 거 알잖아.)

B Uh… I'm sorry. I'm seeing _____. (어… 미안해. 나 누구 만나보고 있어.)

STEP 2

• **best friend** | 가장 친한 친구

→ They are best friends. (걔네는 가장 친한 친구야.)

→ Who is your best friend? (네 가장 친한 친구는 누구니?)

• **serious** | 진지한, 심각한

→ You are not serious, right? (너 진지한 거 아니지?)

→ It's not so serious. (그건 그렇게 심각하지는 않아.)

• **know** | 알고 있다

→ I didn't know that. (저 그거 몰랐어요.)

→ I already knew that. (난 이미 그걸 알고 있었어.)

• **someone** | 누군가

→ Someone likes you. (누군가 널 좋아해.)

→ I want someone romantic. (난 로맨틱한 누군가를 원해.)

A **I have a crush on my best friend.** (나 내 가장 친한 친구를 짝사랑하고 있어.)

　　have a crush on (사람) = (사람)을 짝사랑하다 / (사람)에게 푹 빠져 있다

→ I have a crush on my music teacher. (난 우리 음악선생님을 짝사랑해.)

→ Sally has a crush on my brother. (Sally는 우리 형에게 푹 빠져 있어.)

B **Are you serious? Who is it?** (진심이야? 그게 누군데?)

　　Who is/are (주어)? = (주어)는 누구니?

→ Who is this guy? (이 남자는 누구야?)

→ Who are they? (그들은 누구니?)

A **You know you are my best friend.** (네가 내 가장 친한 친구인 거 알잖아.)

　　You know (평서문). = 너 (평서문)인 거 알잖아.

→ You know I miss you. (너 내가 널 그리워하는 거 알잖아.)

→ You know Mayu likes you. (너 마유가 널 좋아하는 거 알잖아.)

B **Uh⋯ I'm sorry. I'm seeing someone.** (어⋯ 미안해. 나 누구 만나보고 있어.)

　　seeing (명사) = (명사)를 만나보고 있는

→ Thomas is seeing someone. (Thomas는 누군가를 만나보고 있어.)

→ Are you seeing anyone? (너 누구라도 만나보고 있니?)

DAY 27

친구의 사랑 고백

1 마유는 네 여동생을 짝사랑해. =_____

2 이 여자애는 누구야? =_____

3 너 그가 외로운 거 알잖아. =_____

4 우리 형은 누군가를 만나보고 있어. =_____

Mayu has a crush on your sister. ｜ Who is this girl? ｜ You know he is lonely. ｜
My brother is seeing someone.

바가지 써버린 나

CHECK | 손영작 ☐ 입영작 ☐ 반복낭독 ☐ 수업 듣기 ☐

STEP 1

A I got these _____ for $20! (이 이어폰 20달러에 샀어!)

B What? The _____ ripped you off! (뭐? 판매원이 널 바가지 씌웠네!)

A He _____ it's a bargain. (그거 거저라고 했어.)

B _____, he lied to you. (확실히 너한테 거짓말한 거네.)

STEP 2

- **earphone(s)** | 이어폰
  - → Are these earphones yours? (이 이어폰 네 거니?)
  - → I bought new earphones. (나 새 이어폰 샀어.)

- **salesperson** | 판매원
  - → The salesperson was very kind. (그 판매원은 매우 친절했어.)
  - → Let's ask the salesperson. (그 판매원에게 물어보자.)

- **said** | 말했다
  - → He said he was busy. (걔는 자기가 바쁘다고 말했어.)
  - → Who said that? (누가 그렇게 말했어?)

- **obviously** | 확실히, 뻔하게, 분명히
  - → Obviously, you need my help. (확실히 넌 내 도움이 필요하네.)
  - → Obviously, he likes you. (뻔하게 그가 널 좋아하네.)

A I got these earphones for $20! (이 이어폰 20달러에 샀어!)

　　get (명사) for (가격) = (명사)를 가격에 사다

→ I got this computer for $300. (난 이 컴퓨터를 300달러에 샀어.)

→ We got this sofa for $50. (우린 이 소파를 50달러에 샀어.)

B What? The salesperson ripped you off! (뭐? 판매원이 널 바가지 씌웠네!)

　　rip (사람) off = (사람)에게 바가지를 씌우다

→ Your friend ripped me off. (네 친구가 내게 바가지를 씌웠어.)

→ Don't rip us off. (저희에게 바가지 씌우지 말아요.)

A He said it's a bargain. (그거 거저라고 했어.)

　　It's a bargain. = 그거 거저예요.

→ It's $20. / It's a bargain! (그건 20달러입니다. / 그거 거저네요!)

→ Trust me. It's a bargain. (절 믿으세요. 그거 거저예요.)

B Obviously, he lied to you. (확실히 너한테 거짓말한 거네.)

　　lie to (명사) = (명사)에게 거짓말을 하다

→ Are you lying to me? (너 내게 거짓말하고 있는 거니?)

→ I didn't lie to you. (나 너한테 거짓말 안 했어.)

DAY 28

바가지 씌워요 나

1 난 이 우산을 3달러에 샀어. =＿＿＿＿＿＿＿＿＿＿＿＿

2 너 우리에게 바가지 씌웠니? =＿＿＿＿＿＿＿＿＿＿＿＿

3 그거 거저네! =＿＿＿＿＿＿＿＿＿＿＿＿

4 나한테 거짓말하지 마. =＿＿＿＿＿＿＿＿＿＿＿＿

I got this umbrella for $3. | Did you rip us off? | It's a bargain! | Don't lie to me.

식당에 주차하기

식당

STEP 1

A Can I park in front of the _____? (식당 앞에 주차해도 되나요?)

A I couldn't find a _____ spot. (주차 자리를 찾을 수가 없었어요.)

B You might get a _____. (어쩌면 딱지를 떼일 수도 있어요.)

B Park behind the building. It's _____. (건물 뒤에 주차하세요. 더 안전해요.)

STEP 2

• **restaurant** | 식당

→ He owns a restaurant. (그는 식당을 소유하고 있어.)

→ I sold my restaurant. (난 내 식당을 팔았어.)

• **parking** | 주차

→ Parking is difficult in Seoul. (서울에서는 주차가 힘들어.)

→ Where's the parking lot? (주차장이 어디죠?)

• **ticket** | 딱지

→ I got a ticket. (나 딱지 떼였어.)

→ I don't want to get a ticket. (나 딱지 떼이고 싶지 않아.)

• **safer** | 더 안전한

→ This expression is safer. (이 표현이 더 안전해.)

→ This is a safer plan. (이게 더 안전한 계획이야.)

A **Can I park in front of the restaurant?** (식당 앞에 주차해도 되나요?)

in front of (명사) = (명사)의 앞에, 앞에서

→ Park in front of this store. (이 가게 앞에 주차하세요.)

→ I am waiting in front of the building. (난 그 건물 앞에서 기다리고 있어.)

A **I couldn't find a parking spot.** (주차 자리를 찾을 수가 없었어요.)

couldn't (동사원형) = (동사원형)할 수가 없었다

→ I couldn't open my eyes. (난 눈을 뜰 수가 없었어.)

→ We couldn't say anything. (우린 아무 말도 할 수가 없었어.)

B **You might get a ticket.** (어쩌면 딱지를 떼일 수도 있어요.)

might (동사원형) = 어쩌면 (동사원형)할지도 모른다

→ I might buy a helmet. (나 어쩌면 헬멧을 살지도 몰라.)

→ She might say yes. (그녀가 어쩌면 허락할지도 몰라.)

B **Park behind the building. It's safer.** (건물 뒤에 주차하세요. 더 안전해요.)

behind (명사) = (명사)의 뒤에, 뒤에서

→ Wait behind this building. (이 건물 뒤에서 기다려.)

→ The parking lot is behind the store. (주차장은 가게 뒤에 있어요.)

DAY 29

식당에 주차하기

1 난 네 앞에 서 있어. =_____

2 난 그녀의 이름을 기억할 수가 없었어. =_____

3 난 어쩌면 내 전화기를 팔지도 몰라. =_____

4 난 너의 뒤에 있어. =_____

I am standing in front of you. | I couldn't remember her name. | I might sell my phone. | I am behind you.

남아프리카로 가요

CHECK | 손영작 □ 입영작 □ 반복낭독 □ 수업 듣기 □

STEP 1

A Have you been to _____ _____? (너 남아프리카에 가본 적 있어?)

B You can see wild _____ everywhere! (야생동물들을 모든 곳에서 볼 수 있어!)

A Isn't it _____, though? (그래도 위험하지 않니?)

B No. The animals are used to _____. (아니. 동물들이 여행객들에게 익숙해.)

STEP 2

- **South Africa** | 남아프리카
  - → My cousin works in South Africa. (내 사촌은 남아프리카에서 일해.)
  - → Jake is from South Africa. (Jake는 남아프리카 출신이야.)

- **animal** | 동물
  - → Juliet loves animals. (Juliet은 동물을 사랑해.)
  - → Animals can't talk. (동물들은 말을 못 해.)

- **dangerous** | 위험한
  - → Is this city dangerous? (이 도시는 위험한가요?)
  - → It's not a dangerous country. (그곳은 위험한 나라가 아니야.)

- **tourist** | 관광객, 여행객
  - → I am just a tourist. (전 그냥 관광객이에요.)
  - → There are too many tourists here. (여긴 여행객들이 너무 많아.)

A Have you been to South Africa? (너 남아프리카에 가본 적 있어?)

Have you been to (장소)? = 너 (장소)에 가본 적/와본 적 있어?

→ Have you been to Switzerland? (너 스위스에 가본 적 있어?)

→ Have you been here? (너 여기 와본 적 있어?)

B You can see wild animals everywhere! (야생동물들을 모든 곳에서 볼 수 있어!)

can (동사원형) = (동사원형)할 수 있다

→ You can see many plants here. (여기서 많은 식물들을 볼 수 있어.)

→ You can enjoy great music. (좋은 음악을 즐길 수 있어.)

A Isn't it dangerous, though? (그래도 위험하지 않니?)

Isn't/Aren't (주어) (형용사)? = (주어)는 (형용사)하지 않니?

→ Isn't she lovely? (그녀는 사랑스럽지 않니?)

→ Aren't you hungry? (너 배고프지 않니?)

B No. The animals are used to tourists.

(아니. 동물들이 여행객들에게 익숙해.)

be동사 used to (명사) = (명사)에 익숙하다

→ I am used to it. (난 그거에 익숙해.)

→ We are not used to Vietnamese food. (우린 베트남 음식에 익숙하지 않아.)

DAY 30

남아프리카로 기요

1 너 푸켓에 가본 적 있니? =_____

2 난 이 프린터를 고칠 수 있어. =_____

3 너 지루하지 않니? =_____

4 난 더운 날씨에 익숙해. =_____

Have you been to Phuket? | I can fix this printer. | Aren't you bored? | I am used to hot weather.

STEP 1

A You two need to stop _____. (너희 둘은 그만 싸울 필요가 있어.)

B I swear! Mayu _____ me first! (맹세해요! 마유가 먼저 절 찼어요!)

A But he's your big _____! Apologize to him.
(하지만 네 형이잖니! 형에게 사과해.)

B You are _____ on his side! (엄마는 항상 형 편이야!)

STEP 2

- **fight** | 싸우다
  - → Let's not fight. (싸우지 말자.)
  - → I don't want to fight. (난 싸우고 싶지 않아.)

- **kick** | 차다
  - → I kicked the door. (난 그 문을 찼어.)
  - → Don't kick my seat. (제 자리를 차지 마세요.)

- **brother** | 남자 형제
  - → Do you have brothers? (넌 남자 형제가 있니?)
  - → My brother is a doctor. (우리 형은 의사야.)

- **always** | 항상
  - → I will always help you. (난 널 항상 도와줄 거야.)
  - → We are always happy. (우린 항상 행복해.)

A **You two need to stop fighting.** (너희 둘은 그만 싸울 필요가 있어.)

stop (~ing) = (~ing)하는 걸 멈추다 / 그만 (~ing)하다

→ Stop eating junk food. (정크 푸드를 그만 먹어.)

→ They stopped screaming. (그들은 소리 지르는 걸 멈췄어.)

B **I swear! Mayu kicked me first!** (맹세해요! 마유가 먼저 절 찼어요!)

first = 먼저

→ I said it first! (내가 그거 먼저 말했어!)

→ She pinched me first. (그녀가 날 먼저 꼬집었어.)

A **But he's your big brother! Apologize to him.**

(하지만 네 형이잖니! 형에게 사과해.)

apologize to (명사) = (명사)에게 사과하다

→ Let me apologize to you. (너에게 사과할게.)

→ Did you apologize to Roy? (너 Roy에게 사과했어?)

B **You are always on his side!** (엄마는 항상 형 편이야!)

on (사람)'s side = (사람)의 편인

→ I am on your side. (난 네 편이야.)

→ My boyfriend is on my side. (내 남자 친구는 내 편이야.)

1 그만 웃어! =_____

2 세수 먼저 해. =_____

3 내 딸에게 사과하세요. =_____

4 넌 Raymond의 편이니? =_____

Stop laughing! | Wash your face first. | Apologize to my daughter. | Are you on Raymond's side?

언니랑 난 붕어빵

CHECK | 손영작 ☐ 입영작 ☐ 반복낭독 ☐ 수업 듣기 ☐

STEP 1

A Is this your sister in the _____? (사진에 있는 분이 너희 언니야?)

A She looks __ _____ like you! (너랑 많이 닮았어!)

B I know. We _____ that a lot. (알아. 우리 그런 얘기 많이 들어.)

B Just so you know, she is _____. (그냥 말해두는 건데, 우리 언니 싱글이야.)

STEP 2

• **picture** | 사진

→ Let's take a picture. (사진을 찍자.)

→ Send me your pictures. (나한테 네 사진을 보내줘.)

• **a lot** | 많이

→ I eat a lot. (난 많이 먹어.)

→ My boss drank a lot. (우리 상사는 많이 마셨어.)

• **get** | 받다

→ I got an email from Henry. (난 Henry로부터 이메일을 받았어.)

→ Did you get my message? (너 내 메시지 받았니?)

• **single** | 미혼인, 애인이 없는

→ Are you still single? (너 아직 미혼이니?)

→ Olivia is not single anymore. (Olivia는 더 이상 싱글이 아니야.)

A Is this your sister in the picture? (사진에 있는 분이 너희 언니야?)

Is this (명사) in the picture? = 사진에 있는 게 (명사)니?

→ Is this your wife in the picture? (사진에 있는 분이 당신의 아내인가요?)

→ Is this your dog in the picture? (사진에 있는 게 너희 개니?)

A She looks a lot like you! (너랑 많이 닮았어!)

look like (명사) = (명사)처럼 생기다, 보이다

→ You look like a model. (너 모델처럼 보여.)

→ She looks like my daughter. (그녀는 내 딸처럼 생겼어.)

B I know. We get that a lot. (알아. 우리 그런 얘기 많이 들어.)

(주어) get that a lot. = (주어)는 그런 얘기를 많이 듣는다.

→ I get that a lot. (저 그런 얘기 많이 들어요.)

→ She gets that a lot. (그녀는 그런 얘기 많이 들어요.)

B Just so you know, she is single. (그냥 말해두는 건데, 우리 언니 싱글이야.)

Just so you know, = 그냥 말해두는 건데,

→ Just so you know, I am married. (그냥 말해두는 건데요, 전 결혼했어요.)

→ Just so you know, tomorrow is my birthday.
(그냥 말해두는 건데, 내일이 내 생일이야.)

DAY 32

언니랑 나 붕어빵

---

1 사진에 있는 게 너희 집이니? =＿＿＿＿＿＿＿＿＿＿＿＿＿

2 Peter는 슈퍼맨처럼 생겼어. =＿＿＿＿＿＿＿＿＿＿＿＿＿

3 그는 그런 얘기 많이 들어. =＿＿＿＿＿＿＿＿＿＿＿＿＿

4 그냥 말해두는 건데, 난 항상 바빠. =＿＿＿＿＿＿＿＿＿＿

Just so you know, I am always busy.
| Is this your house in the picture? | Peter looks like Superman. | He gets that a lot.

가성비 최고의 와인

_쇼핑

STEP 1

A Can you recommend me an _____ wine?
(비싸지 않은 와인을 추천해주실 수 있나요?)

B Do you prefer dry ones or _____ ones?
(드라이한 걸 선호하세요 아니면 달콤한 걸 선호하세요?)

A To be honest, I like dry _____ better. (솔직히, 드라이한 걸 더 좋아해요.)

B Then, this is the _____ wine for your buck. (그럼 이게 가성비 최고의 와인이에요.)

STEP 2

- **inexpensive** | 비싸지 않은
  → I want an inexpensive TV. (난 비싸지 않은 TV를 원해.)
  → Do you have inexpensive copiers? (비싸지 않은 복사기들도 있나요?)

- **sweet** | 달콤한
  → I don't like sweet bread. (난 달콤한 빵을 안 좋아해.)
  → She has a sweet voice. (그녀는 달콤한 목소리를 가졌어.)

- **one** | 것
  → I like this one. (난 이게 마음에 들어.)
  → Do you have lighter ones? (더 가벼운 것들도 있나요?)

- **best** | 최고의
  → This is the best option. (이게 최고의 옵션이야.)
  → The second one was the best. (두 번째 것이 최고였어.)

A Can you recommend me an inexpensive wine?
(비싸지 않은 와인을 추천해주실 수 있나요?)
recommend (사람) (명사) = (사람)에게 (명사)를 추천해주다
→ I recommend you this one. (전 당신에게 이걸 추천합니다.)
→ Can you recommend us a good show? (저희에게 좋은 쇼를 추천해줄 수 있나요?)

B Do you prefer dry ones or sweet ones?
(드라이한 걸 선호하세요 아니면 달콤한 걸 선호하세요?)
prefer (명사) = (명사)를 선호하다
→ I prefer light colors. (전 가벼운 색들을 선호해요.)
→ We prefer a direct flight. (저희는 직항편을 선호해요.)

A To be honest, I like dry ones better. (솔직히, 드라이한 걸 더 좋아해요.)
To be honest, = 솔직히,
→ To be honest, I don't like Mary. (솔직히, 난 Mary를 안 좋아해.)
→ To be honest, I didn't do my homework. (솔직히, 전 숙제를 안 했어요.)

B Then, this is the best wine for your buck.
(그럼 이게 가성비 최고의 와인이에요.)
the best (명사) for your buck = 가성비 최고의 (명사)
→ This is the best option for your buck. (이게 가성비 최고의 옵션이에요.)
→ This is the best tour for your buck. (이게 가성비 최고의 투어예요.)

DAY 33

가성비 최고의 와인

1 전 당신에게 이 호텔을 추천합니다. =_____
2 전 창가석을 선호해요. =_____
3 솔직히, 넌 내 이상형이 아니야. =_____
4 이게 가성비 최고의 방이에요. =_____

This is the best room for your buck.
I recommend you this hotel. | I prefer a window seat. | To be honest, you are not my type. |

STEP 1

A Have you tried our signature _____? (저희 고유의 스테이크를 드셔본 적 있나요?)

A If not, you should _____ it. (아니라면, 드셔봐야 해요.)

B I _____ we could. (그럴 수 있다면 좋겠네요.)

B But my sister and I are both _____.
(하지만 저희 언니와 전 둘 다 채식주의자예요.)

STEP 2

- **steak** | 스테이크
  - → This steak is juicy. (이 스테이크는 육즙이 많아.)
  - → I ordered a steak. (난 스테이크를 주문했어.)

- **try** | 먹어보다
  - → Let's try this pizza. (이 피자를 먹어보자.)
  - → Have you tried jabchae? (너 잡채 먹어본 적 있어?)

- **wish** | 기원하다, 좋을 텐데
  - → I wish you a merry Christmas. (당신에게 행복한 크리스마스를 기원해요.)
  - → I wish you were here. (네가 여기에 있다면 좋을 텐데.)

- **vegetarian** | 채식주의자
  - → Are you a vegetarian? (너 채식주의자니?)
  - → I have many vegetarian friends. (난 채식주의자 친구들이 많아.)

A Have you tried our signature steak? (저희 고유의 스테이크를 드셔본 적 있나요?)

Have you (p.p.)? = (p.p.)해본 적 있나요?

→ Have you used a smart phone? (스마트폰을 써본 적 있나요?)

→ Have you watched WCB English? (왕초보영어를 시청해본 적 있나요?)

A If not, you should try it. (아니라면, 드셔봐야 해요.)

If not, = 그렇지 않다면, / 아니라면,

→ If not, do it right now. (그렇지 않다면, 당장 그걸 하세요.)

→ If not, email him. (아니라면, 그에게 이메일 해.)

B I wish we could. (그럴 수 있다면 좋겠네요.)

I wish (평서문 과거).

= (평서문 과거)라면 좋을 텐데. / 실제로는 아니어서 아쉽다.

→ I wish I had $1,000. (내가 1,000달러가 있다면 좋을 텐데.)

→ I wish we could come to your party. (우리가 네 파티에 갈 수 있다면 좋을 텐데.)

B But my sister and I are both vegetarians.

(하지만 저희 언니와 전 둘 다 채식주의자예요.)

both = 둘 다

→ My boss and I both like snowboarding.

(우리 상사와 난 둘 다 스노보딩을 좋아해.)

→ They are both Korean. (그들은 둘 다 한국인이야.)

DAY 34

스테이크 견유 받기

1 너 내 열쇠 본 적 있니? =_____

2 아니라면, 그녀를 오늘 방문해. =_____

3 내가 비행기가 있다면 좋을 텐데. =_____

4 저희 둘 다 학생이에요. =_____

Have you seen my key? | If not, visit her today. | I wish I had a plane. | We are both students.

예약 안 하고 호텔 가기

CHECK | 손영작 ☐ 입영작 ☐ 반복낭독 ☐ 수업 듣기 ☐

STEP 1

A I didn't make a _____. (저 예약을 안 했는데요.)

A Do you have a room for 2 _____ and 1 child?
(성인 두 명과 아이 한 명을 위한 방이 있나요?)

B Let me see if we have a _____. (방이 있는지 볼게요.)

B You're _____. We have one family suite.
(운이 좋으시네요. 가족 스위트가 하나 있어요.)

STEP 2

• **reservation** | 예약
→ You need a reservation. (손님은 예약이 필요합니다.)
→ Did you make a reservation? (예약하셨나요?)

• **adult** | 성인
→ We have 3 adults. (저희 성인 세 명이에요.)
→ You are an adult now. (너도 이제 성인이야.)

• **room** | 방
→ Is this your room? (이게 네 방이니?)
→ I don't have any more rooms. (저희는 더 이상 방이 없습니다.)

• **lucky** | 운이 좋은, 행운의
→ I was lucky. (난 운이 좋았어.)
→ Today is your lucky day. (오늘은 네 행운의 날이네.)

A **I didn't make a reservation.** (저 예약을 안 했는데요.)

make a reservation = 예약을 하다

→ I already made a reservation. (나 벌써 예약했어.)

→ Don't make a reservation yet. (아직 예약하지 마.)

A **Do you have a room for 2 adults and 1 child?**

(성인 두 명과 아이 한 명을 위한 방이 있나요?)

Do you have a room for (명사)? = (명사)를 위한 방이 있나요?

→ Do you have a room for 3 adults? (성인 세 명을 위한 방이 있나요?)

→ Do you have a room for 4 people? (네 명을 위한 방이 있나요?)

B **Let me see if we have a room.** (방이 있는지 볼게요.)

if (평서문) = (평서문)인지

→ I don't know if she speaks English. (난 그녀가 영어를 하는지 몰라.)

→ Do you know if Mayu eats chicken? (너 마유가 치킨을 먹는지 아니?)

B **You're lucky. We have one family suite.**

(운이 좋으시네요. 가족 스위트가 하나 있어요.)

have (명사) = (명사)를 가지고 있다 / (명사)가 있다

→ We have two bedrooms. (저희는 두 개의 침실이 있어요.)

→ I had a question. (난 질문이 있었어.)

1 예약하자. =_____

2 난 예약하는 걸 잊었어. =_____

3 두 명을 위한 방이 있나요? =_____

4 저희는 많은 티켓들이 있어요. =_____

We have many tickets.
| Let's make a reservation. | I forgot to make a reservation. | Do you have a room for two people? |

CHECK | 손영작 ☐ 입영작 ☐ 반복낭독 ☐ 수업 듣기 ☐

STEP 1

A Where are you _____? (어디 가는 거예요?)

B Something came up and I have to go to _____. (일이 좀 생겨서 출근해야 해요.)

A Aren't you going to _____ with the kids? (아이들이랑 안 놀아줄 거예요?)

B I'll be back soon. I _____. (곧 돌아올게요. 약속해요.)

STEP 2

- **go** | 가다
  - → I went to the beach. (난 해변에 갔어.)
  - → I want to go with you. (나 너랑 같이 가고 싶어.)

- **work** | 일, 일자리
  - → I went to work yesterday. (나 어제 일자리에 갔어. / 출근했어.)
  - → He didn't come to work. (그는 오늘 일자리에 안 나왔어. / 출근 안 했어.)

- **play** | 놀다
  - → Let's play! (놀자!)
  - → Play with your sister. (언니랑 놀아.)

- **promise** | 약속하다
  - → I can't promise. (나 약속 못해.)
  - → You promised! (너 약속했잖아!)

A **Where are you going?** (어디 가는 거예요?)

Where are you (~ing)? = 어디로 / 어디에서 (~ing)하고 있니?

→ Where are you eating? (너 어디에서 먹고 있니?)

→ Where are you working? (너 어디에서 일하고 있니?)

B **Something came up and I have to go to work.** (일이 좀 생겨서 출근해야 해요.)

have to (동사원형) = (동사원형)해야만 한다

→ I have to send this letter. (나 이 편지 보내야만 해.)

→ She has to go to work. (그녀는 출근해야만 해.)

A **Aren't you going to play with the kids?** (아이들이랑 안 놀아줄 거예요?)

Aren't you going to (동사원형)? = 너 (동사원형)안 할 거야?

→ Aren't you going to go to work? (너 출근 안 할 거야?)

→ Aren't you going to study? (너 공부 안 할 거야?)

B **I'll be back soon. I promise.** (곧 돌아올게요. 약속해요.)

will (동사원형) = (동사원형)할 거야 / 할래 / 할게

→ I will email you. (내가 너에게 이메일 할게.)

→ I will choose this one. (난 이걸 선택할래.)

DAY 36

약속 어긴 남편

---

1 너 어디에서 마시고 있니? =_____

2 우린 서울에 가야만 해. =_____

3 너 나랑 안 먹을 거야? =_____

4 내가 널 픽업할게. =_____

Where are you drinking? | We have to go to Seoul. | Aren't you going to eat with me? | I will pick you up.

살 안 찌는 비결

CHECK | 손영작 ☐ 입영작 ☐ 반복낭독 ☐ 수업 듣기 ☐

STEP 1

A How come you are so _____? You eat a lot.
　(넌 어째서 그렇게 날씬한 거야? 너 많이 먹잖아.)
B I work out _____ ____ after work. (나 매일 일 끝나고 운동해.)
A It's no wonder you don't _____ _____. (네가 살이 안 찌는 게 당연하네.)
B Start _____ _____. (운동하기 시작해.)

STEP 2

- **slim** | 날씬한
  - → She has a slim body. (그녀는 날씬한 몸을 가지고 있어.)
  - → Mayu wants to be slim. (마유는 날씬해지고 싶어 해.)

- **every day** | 매일
  - → I watch WCB English every day. (난 매일 왕초보영어를 봐.)
  - → I take a walk every day. (난 매일 산책해.)

- **gain weight** | 살찌다
  - → I have gained a lot of weight. (난 살이 많이 쪘어.)
  - → Did you gain weight? (너 살쪘니?)

- **work out** | 운동하다
  - → Let's work out together. (같이 운동하자.)
  - → I don't want to work out. (나 운동하기 싫어.)

A **How come you are so slim? You eat a lot.**

(넌 어째서 그렇게 날씬한 거야? 너 많이 먹잖아.)

How come (평서문)? = 어째서 (평서문)인 거야?

→ How come you are so smart? (넌 어째서 그렇게 똑똑한 거야?)

→ How come Eddie is not here? (어째서 Eddie는 여기 없는 거지?)

B **I work out every day after work.** (나 매일 일 끝나고 운동해.)

after (명사) = (명사) 후에 / (명사)가 끝나고

→ I'll call you after work. (내가 일 끝나고 전화할게.)

→ I can see you after school. (난 학교 끝나고 널 볼 수 있어.)

A **It's no wonder you don't gain weight.** (네가 살이 안 찌는 게 당연하네.)

It's no wonder (평서문). = (평서문)인 게 당연하네. / (평서문)일 만하네.

→ It's no wonder people love you. (사람들이 널 사랑하는 게 당연하네.)

→ It's no wonder you are so slim. (네가 그렇게 날씬할 만하네.)

B **Start working out.** (운동하기 시작해.)

start (~ing) = (~ing)하기 시작하다

→ Let's start eating. (먹기 시작하자.)

→ She started sobbing. (그녀는 흐느끼기 시작했어.)

DAY 37

살 안 찌는 비결

1 그들이 어째서 널 모르는 거야? = _____

2 내가 너에게 그 세미나 후에 전화할게. = _____

3 왕초보영어가 인기가 있을 만하네. = _____

4 춤추기 시작하자. = _____

How come they don't know you? | I'll call you after the seminar. |
It's no wonder WCB English is popular. | Let's start dancing.

맛있게 매운 음식

CHECK | 손영작 ☐ 입영작 ☐ 반복낭독 ☐ 수업 듣기 ☐

STEP 1

A How _____ is this? (이거 얼마나 매워요?)
A My kids are only used to _____ food. (제 아이들은 순한 음식에만 익숙하거든요.)
B It's like ramyun. It's _____ spicy. (라면 같아요. 맛있게 맵죠.)
B You can take my _____ for it. (제 말 그대로 믿어도 좋아요.)

STEP 2

• **spicy** | 매운
  → Can you eat spicy food? (너 매운 음식 먹을 수 있어?)
  → I love spicy food. (난 매운 음식 사랑해.)

• **mild** | 순한
  → It has a mild taste. (그건 순한 맛을 가지고 있어.)
  → I prefer mild food. (난 순한 음식을 선호해.)

• **deliciously** | 맛있게
  → It was deliciously cooked. (그건 맛있게 요리됐어.)
  → This soup is deliciously spicy. (이 수프는 맛있게 맵네요.)

• **word** | 말, 단어
  → Memorize these words. (이 단어들을 외워.)
  → I gave him a word of advice. (난 그에게 충고의 말을 해줬어.)

A How spicy is this? (이거 얼마나 매워요?)

How (형용사) is this? = 이거 얼마나 (형용사)해요?

→ How hot is this? (이거 얼마나 뜨거워요?)

→ How sweet is this? (이거 얼마나 달아요?)

A My kids are only used to mild food. (제 아이들은 순한 음식에만 익숙하거든요.)

be동사 used to (명사) = (명사)에 익숙하다

→ I am used to spicy food. (난 매운 음식에 익숙해.)

→ We are not used to cold weather. (우린 추운 날씨에 익숙하지 않아.)

B It's like ramyun. It's deliciously spicy. (라면 같아요. 맛있게 맵죠.)

like (명사) = 마치 (명사) 같은

→ It's like a romantic poem. (그건 마치 로맨틱한 시 같아.)

→ This train is like a bullet. (이 열차는 마치 총알 같아.)

B You can take my word for it. (제 말 그대로 믿어도 좋아요.)

take (사람)'s word for it = (사람)의 말을 그대로 받아들이다 / 믿다

→ Don't take my word for it. (내 말을 그대로 받아들이지는 마.)

→ You don't have to take my word for it. (내 말을 그대로 믿지는 않아도 돼.)

DAY 38

맛있게 매운 음식

---

1 이거 얼마나 비싸요? =＿＿＿＿＿＿＿＿＿＿＿＿＿＿

2 그는 그녀의 스타일에 익숙해. =＿＿＿＿＿＿＿＿＿＿＿＿

3 이건 마치 힙합음악 같아. =＿＿＿＿＿＿＿＿＿＿＿＿＿

4 넌 그녀의 말을 그대로 믿어도 돼. =＿＿＿＿＿＿＿＿＿

You can take her word for it.
How expensive is this? | He is used to her style. | This is like hip hop music. |

식사 대접 받기

_식당

STEP 1

A Can you make time ＿＿＿＿＿＿? (너 내일 시간 낼 수 있어?)

B I'm not sure…. Well, I'm available ＿＿＿＿＿.
(확실하지 않아…. 음, 오늘 밤엔 시간이 되는데.)

A I want to treat you to ＿＿＿＿＿. (너한테 저녁 사주고 싶어서.)

B I'm getting off work ＿＿ 7. (나 7시에 퇴근해.)

STEP 2

• **tomorrow** | 내일

→ I'll see you tomorrow. (내일 보자.)

→ I have to work tomorrow. (나 내일 일해야 돼.)

• **tonight** | 오늘 밤에, 오늘 밤

→ Let's drink tonight. (오늘 밤에 마시자.)

→ Let's watch a movie tonight. (오늘 밤에 영화 보자.)

• **dinner** | 저녁식사

→ Did you have dinner? (너 저녁 먹었니?)

→ What's for dinner? (저녁은 뭐예요?)

• **at** | ~시에

→ I'll see you at 5. (5시에 보자.)

→ I woke up at 7. (나 7시에 일어났어.)

A **Can you make time tomorrow?** (너 내일 시간 낼 수 있어?)

make time = 시간을 내다

→ I can make time. (나 시간 낼 수 있어.)

→ Can you make time for me? (날 위해 시간 내줄 수 있니?)

B **I'm not sure····. Well, I'm available tonight.**
(확실하지 않아···. 음, 오늘 밤엔 시간이 되는데.)

available = 시간이 되는

→ Are you available now? (너 지금 시간 되니?)

→ Mr. Kent is not available now. (Kent 씨는 지금 시간이 안 되세요.)

A **I want to treat you to dinner.** (너한테 저녁 사주고 싶어서.)

treat (사람) to (식사) = (사람)에게 (식사)를 대접하다

→ I want to treat you to lunch. (나 너한테 점심 사주고 싶어.)

→ He treated me to a romantic dinner. (그가 내게 로맨틱한 저녁을 대접했어.)

B **I'm getting off work at 7.** (나 7시에 퇴근해.)

get off work = 퇴근하다

→ I can't get off work early. (나 일찍 퇴근 못 해.)

→ Can you get off work early tomorrow? (너 내일 일찍 퇴근할 수 있어?)

DAY 39

식사 대접 받기

1 저희를 위해 시간을 내주세요. =_____

2 난 이번 주말에 시간이 돼. =_____

3 난 그녀의 부모님께 저녁을 대접했어. =_____

4 나 일찍 퇴근했어. =_____

Please make time for us. | I am available this weekend. | I treated her parents to dinner. | I got off work early.

STEP 1

A Is it okay if I _____ you something? (뭐 좀 물어봐도 괜찮을까요?)

B __ _____! Go ahead. (물론이죠. 어서 물어보세요.)

A Where can I use these _____? (이 쿠폰들은 어디서 사용할 수 있나요?)

B You can _____ them in any restaurant in the hotel.
(호텔 내 아무 식당에서나 사용해도 됩니다.)

STEP 2

• **ask** | ~에게 물어보다

→ Ask Mayu anything. (마유에게 무엇이든 물어보세요.)

→ Don't ask me. (내게 물어보지 마.)

• **Of course** | 물론이지.

→ Of course, I love you. (물론 난 너희를 사랑하지.)

→ Of course. Are you kidding me? (물론이지. 장난하니?)

• **coupon** | 쿠폰

→ Do you have any coupons? (쿠폰 가지고 계세요?)

→ I have a coupon. (저 쿠폰 있어요.)

• **use** | 사용하다

→ Did you use the expression? (너 그 표현 사용했어?)

→ You can use this sponge. (너 이 스펀지 써도 돼.)

A **Is it okay if I ask you something?** (뭐 좀 물어봐도 괜찮을까요?)

Is it okay if (평서문)? = (평서문)이어도 괜찮나요?

→ Is it okay if I use this towel? (제가 이 수건을 써도 괜찮나요?)

→ Is it okay if I sit here? (제가 여기 앉아도 괜찮나요?)

B **Of course! Go ahead.** (물론이죠. 어서 물어보세요.)

Go ahead. = 어서 그렇게 하세요.

→ Go ahead. Say it. (어서 그렇게 해. 그걸 말해.)

→ Sure. Go ahead. (그럼. 어서 그렇게 해.)

A **Where can I use these coupons?** (이 쿠폰들은 어디서 사용할 수 있나요?)

Where can I (동사원형)? = 제가 어디서 (동사원형)할 수 있나요?

→ Where can I wash my hands? (제가 어디서 손을 씻을 수 있나요?)

→ Where can I borrow a pen? (제가 어디서 펜을 빌릴 수 있나요?)

B **You can use them in any restaurant in the hotel.**

(호텔 내 아무 식당에서나 사용해도 됩니다.)

can (동사원형) = (동사원형)해도 된다

→ You can call me Mayu. (날 마유라고 불러도 돼.)

→ They can come anytime. (그들은 아무 때나 와도 돼.)

1 제가 이 프린터를 써도 괜찮나요? =_____

2 어서 그렇게 하세요. =_____

3 제가 어디서 당신을 찾을 수 있나요? =_____

4 너 여기 머물러도 돼. =_____

Is it okay if I use this printer? | Go ahead. | Where can I find you? | You can stay here.

STEP 1

A Mom, I'm going on a _____ tomorrow. (엄마, 저 내일 소풍 가요.)

B OK. I'll make _____ for you. (알겠어. 엄마가 샌드위치 만들어줄게.)

A I might need some _____, too. (현금도 좀 필요할지도 몰라요.)

B Is $20 _____? (20달러면 충분하니?)

STEP 2

- **picnic** | 소풍
  - → Let's go on a picnic. (소풍 가자.)
  - → It was a fun picnic. (그건 재미있는 소풍이었어.)

- **sandwich** | 샌드위치
  - → Can you make a sandwich for me? (날 위해 샌드위치 만들어줄 수 있어?)
  - → Here's your sandwich. (여기 손님 샌드위치 나왔어요.)

- **cash** | 현금
  - → Do you have some cash? (너 현금 좀 있니?)
  - → You can pay cash. (현금을 내셔도 돼요.)

- **enough** | 충분한
  - → Is this enough? (이거면 충분하니?)
  - → That's not enough. (그거 충분치 않아요.)

A **Mom, I'm going on a picnic tomorrow.** (엄마, 저 내일 소풍 가요.)

go on a picnic = 소풍을 가다

→ We went on a picnic last Friday. (우린 지난 금요일에 소풍 갔어.)

→ We are going on a picnic soon. (우린 곧 소풍 가.)

B **OK. I'll make sandwiches for you.** (알겠어. 엄마가 샌드위치 만들어줄게.)

make (명사) = (명사)를 만들다

→ I can make some salad. (내가 샐러드를 좀 만들 수 있어.)

→ My mom made this soup. (우리 엄마가 이 수프를 만드셨어.)

A **I might need some cash, too.** (현금도 좀 필요할지도 몰라요.)

might (동사원형) = 어쩌면 (동사원형)할지도 몰라

→ We might need your help. (우리 어쩌면 네 도움이 필요할지도 몰라.)

→ I might be late. (나 어쩌면 늦을지도 몰라.)

B **Is $20 enough?** (20달러면 충분하니?)

Is (금액) enough? = (금액)이면 충분하니?

→ Is $50 enough? (50달러면 충분하니?)

→ Is $300 enough? (300달러면 충분하니?)

(세로) DAY 41

(세로) 소풍 가는 아들

1 우린 어제 소풍을 갔어. =_____

2 내 남편이 날 위해 파스타를 만들었어. =_____

3 그녀는 어쩌면 널 그리워할지도 몰라. =_____

4 35달러면 충분하니? =_____

We went on a picnic yesterday. | My husband made pasta for me. | She might miss you. | Is $35 enough?

STEP 1

A Whose _____ is this? (이거 누구 스마트폰이야?)

B My _____ bought it for me. (우리 아빠가 날 위해 사주신 거야.)

A Wow, you've got an _____ dad. (와, 멋진 아빠가 있으시구나.)

B I will pay him back _____. (언젠가 갚아드릴 거야.)

STEP 2

• **smartphone** | 스마트폰

→ Smartphones are expensive. (스마트폰은 비싸.)

→ His smartphone is old. (그의 스마트폰은 오래됐어.)

• **dad** | 아빠

→ Where's Dad? (아빠는 어디 계셔?)

→ He became a dad. (그는 아빠가 됐어.)

• **awesome** | 멋진

→ That's an awesome idea. (그거 멋진 아이디어다.)

→ You are such an awesome woman. (당신은 아주 멋진 여자야.)

• **someday** | 언젠가

→ I will become a flight attendant someday. (난 언젠가 승무원이 될 거야.)

→ She will be my wife someday. (그녀는 언젠가 내 아내가 될 거야.)

A Whose smartphone is this? (이거 누구 스마트폰이야?)

Whose (명사) is this? = 이건 누구의 (명사)야?

→ Whose phone number is this? (이거 누구 전화번호야?)

→ Whose pencil case is this? (이거 누구 필통이야?)

B My dad bought it for me. (우리 아빠가 날 위해 사주신 거야.)

buy (명사) for (사람) = (사람)에게 (명사)를 사주다

→ I bought a wallet for my son. (난 내 아들에게 지갑을 사줬어.)

→ Let's buy a handbag for Sally. (Sally에게 핸드백을 사주자.)

A Wow, you've got an awesome dad. (와, 멋진 아빠가 있으시구나.)

have got = 가지고 있다

→ I have got a question. (저 질문이 있어요.)

→ We have got a problem. (우린 문제가 있어.)

B I will pay him back someday. (언젠가 갚아드릴 거야.)

pay (사람) back = (사람)에게 (돈, 은혜 등을) 갚다

→ Pay her back soon. (그녀에게 금방 갚아.)

→ I can't pay you back now. (나 지금은 너에게 못 갚아.)

1 이거 누구 신용카드야? =_____

2 난 내 학생들에게 공책을 사줬어. =_____

3 그들은 많은 돈을 가지고 있어. =_____

4 너 지금 우리에게 갚을 수 있니? =_____

Whose credit card is this? | I bought a notebook for my students. | They have got a lot of money. | Can you pay us back now?

다른 색으로 된 옷 고르기

쇼핑

STEP 1

A Do you have this hoodie in _____ colors? (이 후드티 다른 색으로도 있나요?)

B Yes, we have it in _____ and white. (네, 갈색이랑 흰색으로 있어요.)

A Can you show me the _____ one? (흰색으로 된 걸 보여주실 수 있나요?)

B Oh, wait⋯. The white _____ are sold out. (아, 잠시만요⋯. 흰색은 품절됐네요.)

STEP 2

- **different** | 다른
  - → This is a different size. (이건 다른 사이즈야.)
  - → My life is different. (내 인생은 달라.)

- **brown** | 갈색, 갈색인
  - → Brown is my favorite color. (갈색은 내가 가장 좋아하는 색이야.)
  - → I have a brown cardigan. (난 갈색 카디건이 있어.)

- **white** | 흰색, 하얀
  - → White sneakers are the best. (흰색 운동화가 최고지.)
  - → Is this white or gray? (이건 흰색이니 아니면 회색이니?)

- **one** | 것
  - → This one is mine. (이게 내 거야.)
  - → We also have small ones. (저희는 작은 것들도 있어요.)

A Do you have this hoodie in different colors?

(이 후드티 다른 색으로도 있나요?)

Do you have (명사) in (색)? = (명사)가 (색)으로 있나요?

→ Do you have this shirt in blue? (이 셔츠 파란색으로 있나요?)

→ Do you have this item in silver? (이 상품 은색으로 있나요?)

B Yes, we have it in brown and white. (네, 갈색이랑 흰색으로 있어요.)

We have (명사) in (색). = (명사)가 (색)으로 있어요.

→ We have a similar model in black. (저희 비슷한 모델 검정색으로 있어요.)

→ We have the same hairpin in white. (저희 똑같은 머리핀 흰색으로 있어요.)

A Can you show me the white one? (흰색으로 된 걸 보여주실 수 있나요?)

show (사람) (명사) = (사람)에게 (명사)를 보여주다

→ Show me your pictures. (나한테 네 사진을 보여줘.)

→ I showed the doctor my scar. (난 그 의사에게 내 흉터를 보여줬어.)

B Oh, wait···. The white ones are sold out.

(아, 잠시만요···. 흰색은 품절됐네요.)

sold out = 품절된, 매진된

→ Everything is sold out. (모든 게 품절되었어요.)

→ The tickets are sold out. (그 티켓들은 매진되었어요.)

1 이 의자 녹색으로도 있나요? =_____

2 저희 이 스카프 검정색으로 있어요. =_____

3 나에게 네 실력을 보여줘. =_____

4 이거 품절되었나요? =_____

Do you have this chair in green? | We have this scarf in black. | Show me your skills. | Is this sold out?

단체 손님

CHECK | 손영작 ☐ 입영작 ☐ 반복낭독 ☐ 수업 듣기 ☐

STEP 1

A Do you have a _____ for 8 people? (8명 테이블 있나요?)

B We have a private _____. (룸이 있어요.)

A Is there an _____ charge for that? (그건 추가 요금이 있나요?)

B No, but each person must order at least one _____.
(그건 아니지만 한 명당 적어도 요리 하나씩은 주문하셔야 합니다.)

STEP 2

• **table** | 테이블, 탁자

→ I need a strong table. (난 강한 탁자가 필요해.)

→ Do you have this table in brown? (이 탁자 갈색으로 있나요?)

• **room** | 방

→ I share my room with my sister. (난 내 방을 언니랑 나눠서 써.)

→ Peter's room is bigger. (Peter의 방이 더 커.)

• **extra** | 추가적인

→ I need an extra chair. (추가적인 의자가 필요해요. / 의자가 하나 더 필요해요.)

→ We have an extra room. (저희는 추가적인 방이 있어요. / 저희 방 하나 더 있어요.)

• **dish** | 요리, 접시

→ This is the main dish. (이게 주요리야.)

→ She ordered side dishes. (그녀는 곁들임 요리를 주문했어.)

A Do you have a table for 8 people? (8명 테이블 있나요?)

Do you have a table for (명사)? = (명사)를 위한 테이블 있나요?

→ Do you have a table for two? (두 명을 위한 테이블 있나요?)

→ Do you have a table for 4 people? (네 명을 위한 테이블 있나요?)

B We have a private room. (룸이 있어요.)

have (명사) = (명사)를 가지고 있다 / (명사)가 있다

→ We have a bigger table. (더 큰 탁자가 있어요.)

→ The building has a parking lot. (그 건물은 주차장이 있어.)

A Is there an extra charge for that? (그건 추가 요금이 있나요?)

Is there (명사)? = (명사)가 있나요?

→ Is there a pool in the hotel? (호텔 안에 수영장이 있나요?)

→ Is there an ATM in the building? (건물 안에 ATM이 있나요?)

B No, but each person must order at least one dish.

(그건 아니지만 한 명당 적어도 요리 하나씩은 주문하셔야 합니다.)

must (동사원형) = 반드시 (동사원형)해야만 한다

→ I must reach my goal. (난 반드시 내 목표에 도달해야만 해.)

→ You must come back home. (넌 반드시 집에 돌아와야만 해.)

DAY 44

단체 손님

1 10명을 위한 테이블 있나요? = _____

2 저희는 더 작은 사이즈가 있어요. = _____

3 그 가게 안에 화장실이 있나요? = _____

4 그녀는 반드시 A를 받아야만 해. = _____

Do you have a table for 10 people? | We have a smaller size. | Is there a bathroom in the store? | She must get an A.

CHECK | 손영작 ☐ 입영작 ☐ 반복낭독 ☐ 수업 듣기 ☐

STEP 1

A Are you sure this is the right _____? (이거 맞는 주소인 거 확실해?)

A I think we _____ make a left here. (우리 여기서 좌회전해야 할 것 같은데.)

B Don't be such a backseat _____. (잔소리 운전사 좀 되지 마.)

B I know this _____ very well. Don't you worry. (나 이 지역 잘 알아. 절대 걱정 마.)

STEP 2

- **address** | 주소
  - → Here's my address. (여기 제 주소가 있어요.)
  - → Whose address is this? (이건 누구의 주소니?)

- **should** | ~하는 게 좋겠다, ~해야겠다
  - → I should go home. (나 집에 가는 게 좋겠어.)
  - → You should focus. (너 집중해야겠어.)

- **driver** | 운전자
  - → Who was the driver? (운전자가 누구였지?)
  - → The driver stopped the bus. (운전사가 그 버스를 세웠어.)

- **area** | 지역
  - → Do you know this area? (이 지역을 아시나요?)
  - → This is a safe area. (여긴 안전한 지역이에요.)

A **Are you sure this is the right address?** (이거 맞는 주소인 거 확실해?)

Are you sure (평서문)? = 넌 (평서문)인 걸 확실하니? / (평서문)인 거 확실해?

→ Are you sure she is single? (그녀가 싱글인 거 확실해?)

→ Are you sure you are younger than me? (네가 나보다 어린 거 확실해?)

A **I think we should make a left here.** (우리 여기서 좌회전해야 할 것 같은데.)

make a left = 좌회전하다

→ I made a left. (나 좌회전했어.)

→ Make a left at the intersection. (교차로에서 좌회전을 해.)

B **Don't be such a backseat driver.** (잔소리 운전사 좀 되지 마.)

Don't be (명사). = (명사)가 되지 마.

→ Don't be a selfish person. (이기적인 사람이 되지 마.)

→ Don't be a fool. (바보가 되지 마.)

B **I know this area very well. Don't you worry.**

(나 이 지역 잘 알아. 절대 걱정 마.)

Don't you (동사원형). = 절대 (동사원형)하지 마.

→ Don't you touch my baby. (절대 내 아기를 건드리지 마.)

→ Don't you call my girlfriend. (절대 내 여자 친구에게 전화하지 마.)

DAY 45

자존심 부리는 친구

1 그들이 널 아는 거 확실해? = _____

2 나 방금 좌회전 했어. = _____

3 거짓말쟁이가 되지 마. = _____

4 절대 내게 거짓말하지 마. = _____

Are you sure they know you? | I just made a left. | Don't be a liar. | Don't you lie to me.

STEP 1

A I heard your _____ is sick in bed. (이모님이 아파서 누워 계시다고 들었어요.)

B She had surgery on her _____. (무릎에 수술을 받으셨어요.)

B Right now, she is in the _____ _____. (지금은 회복실에 계세요.)

A Let's visit her in the _____, then. (그럼 이모 병문안을 갑시다.)

STEP 2

• **aunt** | 이모, 고모

→ My aunt is so cool. (우리 이모는 엄청 쿨해.)

→ Is this your aunt in the picture? (사진에 있는 분이 너희 고모니?)

• **knee** | 무릎

→ I hurt my knee. (나 무릎을 다쳤어.)

→ My knees hurt. (무릎이 아파.)

• **recovery room** | 회복실

→ I was in the recovery room. (난 회복실에 있었어.)

→ Is your grandma in the recovery room? (너희 할머니 회복실에 계시니?)

• **hospital** | 병원

→ Where's the nearest hospital? (가장 가까운 병원이 어디에 있죠?)

→ I went to the hospital. (나 병원 갔어.)

A I heard your aunt is sick in bed. (이모님이 아파서 누워 계시다고 들었어요.)

sick in bed = 아파서 몸져누운

→ My brother is sick in bed. (우리 형은 아파서 누워 있어.)

→ Is Irene sick in bed? (Irene이 아파서 누워 있니?)

B She had surgery on her knee. (무릎에 수술을 받으셨어요.)

have surgery = 수술을 받다

→ My uncle had surgery. (저희 삼촌이 수술을 받으셨어요.)

→ She is having surgery next week. (그녀는 다음 주에 수술 받아.)

B Right now, she is in the recovery room. (지금은 회복실에 계세요.)

right now = 바로 지금, 당장

→ Call me right now. (당장 내게 전화해.)

→ Right now, she is in Mexico. (그녀는 지금은 멕시코에 있어.)

A Let's visit her in the hospital, then. (그럼 이모 병문안을 갑시다.)

visit (사람) in the hospital = (사람) 병문안을 가다

→ Let's visit Larry in the hospital. (Larry 병문안을 가자.)

→ I visited my friend in the hospital. (난 내 친구 병문안을 갔어.)

DAY 46

병문안 챙기기

1 Jack은 아파서 누워 있어. =_____

2 너 수술 받았니? =_____

3 그녀는 지금은 싱가포르에 있어. =_____

4 네 여동생 병문안을 가자. =_____

Jack is sick in bed. | Did you have surgery? | Right now, she is in Singapore. | Let's visit your sister in the hospital.

CHECK | 손영작 ☐ 입영작 ☐ 반복낭독 ☐ 수업 듣기 ☐

STEP 1

A Ouch! I think I sprained my _____. (아야! 제 발목을 접질린 것 같아요.)

A I think I hurt my _____, too. (저 허리도 다친 것 같아요.)

B Oh, no. Let me _____ an ambulance. (오, 이런. 제가 구급차를 불러드릴게요.)

B Hello? We need an _____ here ASAP!
(여보세요? 여기 구급차가 가능한 한 금방 필요해요!)

STEP 2

- **ankle** | 발목
  - → She broke her ankle. (그녀는 발목이 부러졌어.)
  - → Hold your ankles. (발목을 잡으세요.)

- **back** | 허리
  - → She massaged my back. (그녀는 내 허리를 마사지해줬어.)
  - → I sleep on my back. (난 허리를 대고 자. / 난 바로 누워서 자.)

- **call** | 부르다, 전화하다
  - → Call the police. (경찰을 불러.)
  - → She called my office. (그녀는 내 사무실에 전화했어.)

- **ambulance** | 구급차
  - → The ambulance arrived soon. (그 구급차는 금방 도착했어.)
  - → Call an ambulance now! (구급차를 당장 불러!)

A Ouch! I think I sprained my ankle. (아야! 제 발목을 접질린 것 같아요.)

sprain (명사) = (명사)를 접질린다

→ I sprained my wrist. (난 손목을 접질렸어.)

→ Did you sprain your ankle? (너 발목을 접질렸니?)

A I think I hurt my back, too. (저 허리도 다친 것 같아요.)

hurt (명사) = (명사)를 다치다

→ I hurt my hand. (난 손을 다쳤어.)

→ She hurt her neck. (그녀는 목을 다쳤어.)

B Oh, no. Let me call an ambulance. (오, 이런. 제가 구급차를 불러드릴게요.)

Let me (동사원형). = (동사원형)할게.

→ Let me wait here. (여기서 기다릴게.)

→ Let me bring a chair. (의자를 가져올게.)

B Hello? We need an ambulance here ASAP!

(여보세요? 여기 구급차가 가능한 한 금방 필요해요!)

ASAP(as soon as possible) = 가능한 한 금방

→ Come back ASAP. (가능한 한 금방 돌아와.)

→ Finish your report ASAP. (자네 보고서를 가능한 한 금방 마치게.)

1 Wendy는 그녀의 왼쪽 발목을 접질렸어. =_____

2 난 내 목을 다쳤어. =_____

3 너에게 이메일 할게. =_____

4 너희 아버지에게 가능한 한 금방 전화해. =_____

Wendy sprained her left ankle. | I hurt my neck. | Let me email you. | Call your father ASAP.

DAY 47

다친 행인 도와주기

STEP 1

A I want something _____ and fast. (뭔가 가볍고 빠른 걸 원해요.)

B Have you driven a sports car _____? (전에 스포츠카를 운전해보신 적 있나요?)

A No, I have never _____ a sports car. (아뇨, 스포츠카는 절대 운전해본 적 없어요.)

B You can _____-_____ it if you want. (원하시면 그걸 시운전해봐도 돼요.)

STEP 2

- **light** | 가벼운
  - → This jacket is really light. (이 재킷은 정말 가벼워.)
  - → I need a light bag. (난 가벼운 가방이 필요해.)

- **before** | 전에
  - → I have seen Mayu before. (난 마유를 전에 본 적이 있어.)
  - → He has been here before. (그는 전에 여기 와본 적이 있어.)

- **drive** | 운전하다
  - → Don't drive my car. (내 차를 운전하지 마.)
  - → I drove to work. (난 일자리로 운전했어. / 운전해서 출근했어.)

- **test-drive** | 시운전하다
  - → Do you want to test-drive this car? (이 차를 시운전하고 싶으세요?)
  - → I test-drove the truck. (난 그 트럭을 시운전했어.)

A **I want something light and fast.** (뭔가 가볍고 빠른 걸 원해요.)

　　something (형용사) = 뭔가 (형용사)한 것

→ I want something sweet. (난 뭔가 달콤한 걸 원해.)

→ I found something cool! (난 뭔가 쿨한 걸 찾아냈어!)

B **Have you driven a sports car before?** (전에 스포츠카를 운전해보신 적 있나요?)

　　Have you (p.p.)? = 넌 (p.p.)해본 적 있니?

→ Have you met my son? (너 내 아들 만나본 적 있니?)

→ Have you read this book? (너 이 책 읽어본 적 있니?)

A **No, I have never driven a sports car.**

　　(아뇨, 스포츠카는 절대 운전해본 적 없어요.)

　　have never (p.p.) = 절대 (p.p.)해본 적 없다

→ I have never cried. (난 절대 울어본 적 없어.)

→ Frank has never had a girlfriend. (Frank는 절대 여자 친구가 있어본 적 없어.)

B **You can test-drive it if you want.** (원하시면 그걸 시운전해봐도 돼요.)

　　if (평서문) = (평서문)이라면

→ You can call me if you want. (원하면 나한테 전화해도 돼.)

→ Call me if you need me. (내가 필요하면 전화해.)

DAY 48

자동차 매장 구경

1 난 뭔가 재미있는 걸 하고 싶어. = _____

2 년 태국을 방문한 적 있니? = _____

3 난 절대 거짓말 해본 적 없어. = _____

4 피곤하면 잠자리에 들어. = _____

I want to do something fun. | Have you visited Thailand? | I have never lied. | Go to bed if you are tired.

팁에 대한 고민

STEP 1

A How much should we _____ the waiter?
(웨이터에게 팁을 얼마나 많이 주는 게 좋을까?)

B 10~15% should be _____. (10에서 15퍼센트면 충분할 거야.)

A He was _____ nice to us. (우리에게 정말 잘해줬잖아.)

B You know what? Let's _____ him $20. (있잖아. 20달러를 드리자.)

STEP 2

- **tip** | ~에게 팁을 주다
  - → I tipped the waitress. (난 그 웨이트리스에게 팁을 줬어.)
  - → Don't tip that guy. (저 남자에게 팁을 주지 마.)

- **enough** | 충분한
  - → I think that's enough. (그 정도면 충분한 거 같아.)
  - → 20% is not enough. (20퍼센트는 충분하지 않아.)

- **really** | 정말로
  - → He is really handsome. (그는 정말 잘 생겼어.)
  - → I am really worried. (난 정말 걱정돼.)

- **give** | 주다
  - → Give me some cash. (나에게 현금을 좀 줘.)
  - → I gave you the key. (내가 너에게 그 열쇠 줬잖아.)

A How much should we tip the waiter?

(웨이터에게 팁을 얼마나 많이 주는 게 좋을까?)

should (동사원형) = (동사원형)하는 게 좋겠다

→ Should I just do it? (그걸 그냥 하는 게 좋을까?)

→ You should get some rest. (넌 좀 쉬는 게 좋겠어.)

B 10~15% should be enough. (10에서 15퍼센트면 충분할 거야.)

should be (형용사) = 아마 (형용사)할 거야

→ He should be okay. (걔는 아마 괜찮을 거야.)

→ It should be easy. (그건 아마 쉬울 거야.)

A He was really nice to us. (우리에게 정말 잘해줬잖아.)

be nice to (사람) = (사람)에게 잘해주다, 착하게 굴다

→ Be nice to your sister. (네 언니에게 착하게 굴어.)

→ They were nice to us. (그들은 우리에게 잘해줬어.)

B You know what? Let's give him $20. (있잖아. 20달러를 드리자.)

Let's (동사원형). = (동사원형)하자.

→ Let's get up early. (일찍 일어나자.)

→ Let's take a walk. (산책을 하자.)

1 난 지금 떠나는 게 좋겠어. =_____

2 그건 아마 준비되었을 거야. =_____

3 그 매니저는 우리에게 잘해줬어. =_____

4 함께 노래하자. =_____

I should leave now. | It should be ready. | The manager was nice to us. | Let's sing together.

경치 좋은 방 고르기

여행

STEP 1

A Do you have a room with a good _____? (좋은 경치가 있는 방이 있나요?)

B Yes, but they are a bit _____. (그렇긴 한데 조금 비쌉니다.)

A How much are _____? (얼마인데요?)

B They are $200 plus _____. (200달러에 세금 추가예요.)

STEP 2

- **view** | 경치
  - → This room has a nice view. (이 방은 경치가 좋아요.)
  - → The room had a terrible view. (그 방은 경치가 안 좋았어.)

- **expensive** | 비싼
  - → Jenny bought an expensive boat. (Jenny는 비싼 보트를 샀어.)
  - → The diamond ring was expensive. (그 다이아몬드 반지는 비쌌어.)

- **they** | 그것들, 그들
  - → They are not mine. (그것들은 내 것이 아니야.)
  - → What are they? (그것들은 뭔데?)

- **tax** | 세금
  - → The rich man paid a lot of taxes. (그 부유한 남자는 많은 세금을 냈어.)
  - → I calculated my income tax. (난 내 소득세를 계산했어.)

A Do you have a room with a good view? (좋은 경치가 있는 방이 있나요?)

with (명사) = (명사)를 가진 / (명사)가 있는

→ Do you have a room with two beds? (침대 두 개 있는 방이 있나요?)

→ I am a man with confidence. (난 자신감을 가진 남자야.)

B Yes, but they are a bit expensive. (그렇긴 한데 조금 비쌉니다.)

a bit = 약간, 조금

→ It's a bit difficult. (그건 조금 어려워.)

→ This omelet is a bit salty. (이 오믈렛은 약간 짜.)

A How much are they? (얼마인데요?)

How much are/is (주어)? = (주어)는 얼마예요?

→ How much are these lenses? (이 렌즈는 얼마예요?)

→ How much are these goggles? (이 고글은 얼마예요?)

B They are $200 plus tax. (200달러에 세금 추가예요.)

plus tax = ~에 세금 추가인

→ It's $20 plus tax. (20달러에 세금 추가예요.)

→ This service is $100 plus tax. (이 서비스는 100달러에 세금 추가입니다.)

DAY 50

경치 좋은 방 고르기

1 전 싱글 침대 있는 방이 필요해요. =_____

2 난 어제 약간 늦었어. =_____

3 이 양말은 얼마예요? =_____

4 50달러에 세금 추가예요. =_____

It's $50 plus tax.
I need a room with a single bed. | I was a bit late yesterday. | How much are these socks? |

딸을 위한 선물

STEP 1

A Thank God we got this Mayu _____. (이 마유 인형을 구해서 참 다행이에요.)

A Do you think Mini will _____ it? (Mini가 그걸 마음에 들어 할 거 같아요?)

B She can't _____ without Mayu. (걔는 마유 없이는 못 살아요.)

B She might burst into _____. (눈물이 터질지도 몰라요.)

STEP 2

- **doll** | 인형
  - → I am playing with a doll. (난 인형을 가지고 놀고 있어.)
  - → My child wants this doll. (제 아이는 이 인형을 원해요.)

- **like** | 좋아하다, 마음에 들어 하다
  - → Do you like animals? (넌 동물을 좋아하니?)
  - → Nathan didn't like my poem. (Nathan은 내 시를 마음에 안 들어 했어.)

- **live** | 살다
  - → I live in California. (전 캘리포니아에 살아요.)
  - → I used to live in Jeju. (난 제주에 살곤 했어.)

- **tears** | 눈물
  - → It was happy tears. (그건 행복한 눈물이었어.)
  - → I saw her tears. (난 그녀의 눈물을 봤어.)

A Thank God we got this Mayu doll. (이 마유 인형을 구해서 참 다행이에요.)

Thank God (평서문). = (평서문)이라 참 다행이다.

→ Thank God you are here. (네가 여기 있어서 참 다행이야.)

→ Thank God I didn't go there. (내가 거길 안 가서 참 다행이야.)

A Do you think Mini will like it? (Mini가 그걸 마음에 들어 할 거 같아요?)

Do you think (평서문)? = (평서문)이라고 생각해? / (평서문)인 거 같아?

→ Do you think Anna will get an A? (넌 Anna가 A를 받을 거라고 생각해?)

→ Do you think Brian is rich? (Brian이 부자인 거 같니?)

B She can't live without Mayu. (걔는 마유 없이는 못 살아요.)

without (명사) = (명사) 없이

→ Mayu can't live without fried chicken. (마유는 프라이드치킨 없이는 못 살아.)

→ They left without Jane. (그들은 Jane 없이 떠났어.)

B She might burst into tears. (눈물이 터질지도 몰라요.)

burst into tears = 눈물이 터지다

→ Her parents burst into tears. (그녀의 부모님은 눈물이 터졌어.)

→ I am going to burst into tears. (난 눈물이 터질 거야. / 터질 것 같아.)

---

1 그녀가 여기에 없어서 참 다행이다. =_____

2 넌 네가 귀여운 거 같니? =_____

3 그들은 나 없이 먹었어. =_____

4 내 아내는 눈물이 터졌어. =_____

Thank God she is not here. | Do you think you are cute? | They ate without me. | My wife burst into tears.

선물을 개봉한 딸

_일상

STEP 1

A It's Children's Day! Go ahead and open the _____!
(어린이날이야! 어서 상자를 열어보렴!)

B I can't _____ this. Is this··· Is this Mayu?
(못 믿겠어요. 이거··· 이거 마유예요?)

A We waited for two _____ to get one. (그거 구하느라 2주를 기다렸단다.)

B I think I'm going to _____ _____. (저 기절할 거 같아요.)

STEP 2

• **box** | 상자

→ Let's move these boxes. (이 상자들을 옮기자.)

→ Don't open this box. (이 상자 열지 마.)

• **believe** | 믿다

→ I don't believe you. (난 널 안 믿어.)

→ She doesn't believe her boyfriend. (그녀는 자기 남자 친구를 안 믿어.)

• **week** | 주

→ I will see you next week. (다음 주에 보자.)

→ She quit last week. (그녀는 지난주에 관뒀어.)

• **pass out** | 기절하다

→ I passed out last night. (나 어젯밤에 기절했어.)

→ Why did he pass out? (그가 왜 기절했지?)

A **It's Children's Day! Go ahead and open the box!**

(어린이날이야! 어서 상자를 열어보렴!)

Go ahead and (동사원형). = 어서 / 가서 (동사원형)해.

→ Go ahead and do your homework. (가서 숙제하렴.)

→ Go ahead and use my phone. (어서 내 전화기를 써.)

B **I can't believe this. Is this··· Is this Mayu?**

(못 믿겠어요. 이거··· 이거 마유예요?)

can't (동사원형) = (동사원형)할 수가 없다

→ I can't go to the concert. (난 그 콘서트에 못 가.)

→ She can't come to my wedding. (그녀는 내 결혼식에 못 와.)

A **We waited for two weeks to get one.** (그거 구하느라 2주를 기다렸단다.)

wait for (기간) = (기간) 동안 기다리다

→ She waited for 3 hours. (그녀는 3시간 동안 기다렸어.)

→ Just wait for 3 days. (3일만 기다려.)

B **I think I'm going to pass out.** (저 기절할 거 같아요.)

be going to (동사원형) = (동사원형)할 것이다

→ I am going to exercise every day. (난 매일 운동할 거야.)

→ We are going to practice hard. (우린 열심히 연습할 거야.)

1 가서 머리를 감으렴. =_____

2 우린 이 노래를 못 불러. =_____

3 당신은 두 달 동안 기다려야만 합니다. =_____

4 난 프랑스에서 공부할 거야. =_____

Go ahead and wash your hair. | We can't sing this song. | You have to wait for two months. | I am going to study in France.

복사기 고르기

쇼핑

STEP 1

A Which copy machine is _____? (어느 복사기가 더 나은가요?)

B This one is _____, but it's more expensive. (이게 더 빠르지만 더 비싸요.)

B That one is _____, but it's on sale. (저건 더 느리지만 할인 중이에요.)

A Hmm. I'll go for the slower one, _____. (흠. 그럼 더 느린 걸로 할게요.)

STEP 2

- **better** | 더 나은
  - → Is this a better dishwasher? (이게 더 나은 식기세척기인가요?)
  - → I am better than you. (내가 너보다 더 나아.)

- **faster** | 더 빠른
  - → My bike is faster. (내 오토바이가 더 빨라.)
  - → This is a faster plane. (이게 더 빠른 비행기야.)

- **slower** | 더 느린
  - → This is a slower machine. (이게 더 느린 기계예요.)
  - → His computer is slower than mine. (그의 컴퓨터는 내 것보다 더 느려.)

- **then** | 그러면
  - → I will see you on Wednesday, then. (그럼 수요일에 보자.)
  - → Don't do it, then. (그럼 그거 하지 마.)

A Which copy machine is better? (어느 복사기가 더 나은가요?)

Which (명사) is better? = 어느 (명사)가 더 나은가요?

→ Which camera is better? (어느 카메라가 더 나아요?)

→ Which tour package is better? (어느 투어 패키지가 더 나은가요?)

B This one is faster, but it's more expensive. (이게 더 빠르지만 더 비싸요.)

more (형용사) = 더 (형용사)한

→ This photo is more colorful. (이 사진이 더 다채로워.)

→ The last exam was more difficult. (지난 시험은 더 어려웠어.)

B That one is slower, but it's on sale. (저건 더 느리지만 할인 중이에요.)

on sale = 할인 중인

→ These are on sale. (이것들은 할인 중이에요.)

→ That parka is not on sale. (그 파카는 할인 중이 아니에요.)

A Hmm. I'll go for the slower one, then. (흠. 그럼 더 느린 걸로 할게요.)

go for (명사) = (명사)를 선택하다 / (명사)로 하다

→ I will go for this one. (전 이걸로 할게요.)

→ Let's go for the white one. (그 하얀 걸로 하자.)

DAY 53

특사기 고르기

1 어느 방이 더 나아요? =_____

2 이 소설이 더 흥미로워. =_____

3 이 충전기 할인 중인가요? =_____

4 전 이 파란 걸로 할게요. =_____

Which room is better? | This novel is more interesting. | Is this charger on sale? | I will go for this blue one.

해물 못 먹는 친구

CHECK | 손영작 □ 입영작 □ 반복낭독 □ 수업 듣기 □

STEP 1

A I don't think I can _____ here. (나 여기에서 못 먹을 거 같아.)

B Why not? This is the best seafood _____ in town.
(왜 못 먹어? 여기 동네 최고 해물 식당인데.)

A I'm allergic to _____. (나 해물에 알레르기 있어.)

B Oh, _____. I didn't know that. (오, 이런. 그건 몰랐네.)

STEP 2

• **eat** | 먹다

→ I already ate something. (난 이미 뭔가를 먹었어.)

→ Did you eat salmon? (너 연어 먹었니?)

• **restaurant** | 식당

→ This is hottest restaurant in town. (이게 동네에서 가장 인기 있는 식당이야.)

→ Is that a Chinese restaurant? (저거 중국 식당이니?)

• **seafood** | 해물

→ My nephew can't eat seafood. (내 조카는 해물을 못 먹어.)

→ Seafood is my favorite. (해물은 내가 가장 좋아하는 거야.)

• **darn** | 이런

→ Oh, darn. I forgot. (오, 이런. 잊었네.)

→ Darn. I didn't bring my wallet. (이런. 지갑을 안 가져왔네.)

A **I don't think I can eat here.** (나 여기에서 못 먹을 거 같아.)

I don't think (평서문).

= 난 (평서문)이라고 생각하지 않아. / (평서문)이 아닌 것 같아.

→ I don't think she is interested. (난 그녀가 관심 있다고 생각하지 않아.)

→ I don't think you are right. (당신이 옳은 것 같지 않아요.)

B **Why not? This is the best seafood restaurant in town.**

(왜 못 먹어? 여기 동네 최고 해물 식당인데.)

Why not? = 왜 아니야? / 왜 안 돼? / 왜 싫어?

→ Why not? You like Korean food. (왜 싫어? 너 한국음식 좋아하잖아.)

→ Why not? I helped you. (왜 안 돼? 난 널 도와줬잖아.)

A **I'm allergic to seafood.** (나 해물에 알레르기 있어.)

be allergic to (명사) = (명사)에 알레르기가 있다

→ I am allergic to cats. (난 고양이에 알레르기가 있어.)

→ She is allergic to flowers. (그녀는 꽃에 알레르기가 있어.)

B **Oh, darn. I didn't know that.** (오, 이런. 그건 몰랐네.)

didn't (동사원형) = (동사원형)하지 않았다

→ She didn't know the truth. (그녀는 진실을 몰랐어.)

→ I didn't steal it. (난 그걸 안 훔쳤어.)

DAY 54 해물 못 먹는 친구

1 난 내가 그녀의 이상형이라고 생각 안 해. =_____

2 왜 아니야? =_____

3 내 아들은 사과에 알레르기가 있어. =_____

4 John은 학교에 안 갔어. =_____

I don't think I am her type. | Why not? | My son is allergic to apples. | John didn't go to school.

아빠에게 저녁 대접하기 _여행

STEP 1

A Dad, I want you to make time _____. (아빠, 오늘 밤에 시간 내주세요.)

B What's the _____? (무슨 특별한 일인데?)

A It's _____ _____. I want to treat you to dinner.
(어버이날이잖아요. 아빠한테 저녁 대접하고 싶어요.)

B You're making me _____. (네가 아빠를 울리는구나.)

STEP 2

• **tonight** | 오늘 밤에, 오늘 밤
 → I can't see you tonight. (나 오늘 밤엔 너 못 봐.)
 → We have a party tonight. (우린 오늘 밤에 파티가 있어.)

• **occasion** | 경우, 행사, 특별한 일
 → It was a rare occasion. (그건 흔치 않은 경우였어.)
 → It was a memorable occasion. (그건 기억할 만한 행사였어.)

• **Parents' Day** | 어버이날
 → When is Parents' Day? (어버이날이 언제니?)
 → Parents' Day is coming soon. (어버이날이 곧 다가와.)

• **cry** | 울다
 → Don't cry, honey. (여보, 울지 말아요.)
 → My baby stopped crying. (우리 아기가 우는 걸 멈췄어.)

A Dad, I want you to make time tonight. (아빠, 오늘 밤에 시간 내주세요.)

want (목적어) to (동사원형) = (목적어)가 (동사원형)하기를 원하다

→ I want you to sleep. (난 네가 자길 원해.)

→ I want my son to study English. (난 내 아들이 영어를 공부하길 원해.)

B What's the occasion? (무슨 특별한 일인데?)

What's the occasion? = 무슨 특별한 일이야?

→ What's the occasion? / It's our anniversary!
(무슨 특별한 일인데? / 우리 기념일이잖아요!)

→ What's the occasion? / Nothing. (무슨 특별한 일인데? / 아무 일도 아니야.)

A It's Parents' Day. I want to treat you to dinner.
(어버이날이잖아요. 아빠한테 저녁 대접하고 싶어요.)

treat (사람) to (식사) = (사람)에게 (식사)를 대접하다

→ I treated my boss to lunch. (난 우리 상사에게 점심을 대접했어.)

→ Perry treated us to dinner. (Perry가 우리에게 저녁을 대접했어.)

B You're making me cry. (네가 아빠를 울리는구나.)

make (사람) cry = (사람)을 울게 만들다 / 울리다

→ I made my mom cry. (내가 우리 엄마를 울렸어.)

→ Don't make me cry. (날 울리지 마.)

1 난 네가 영어를 배우길 원해. =_____

2 무슨 특별한 일이야? =_____

3 Emily에게 저녁을 대접해. =_____

4 난 내 여자 친구를 울렸어. =_____

I want you to learn English. | What's the occasion? | Treat Emily to dinner. | I made my girlfriend cry.

취직한 딸

CHECK | 손영작 ☐ 입영작 ☐ 반복낭독 ☐ 수업 듣기 ☐

STEP 1

A Dad! Are you ready for some good _____? (아빠! 좋은 소식 들을 준비됐어요?)

B Well, I'm _____ ready for good news. (음, 좋은 소식 들을 준비는 항상 돼 있지.)

A I got a _____ at Mayu Motors! (저 마유 모터스에 취직했어요!)

B That's my _____! I'm so proud of you!
(역시 우리 딸이야! 네가 엄청 자랑스럽구나!)

STEP 2

- **news** | 소식
  - → I have good news! (좋은 소식이 있어!)
  - → We have bad news for you. (너에게 안 좋은 소식이 있어.)

- **always** | 항상
  - → Always eat good food. (항상 좋은 음식을 먹어.)
  - → She always smiles. (그녀는 항상 미소 지어.)

- **job** | 직업
  - → What's her job? (그녀의 직업은 뭐예요?)
  - → Chloe has a new job. (Chloe는 새 직업이 생겼어.)

- **girl** | 소녀, 딸
  - → My little girl is so smart. (내 어린 딸은 엄청 똑똑해.)
  - → How old is your girl? (너희 딸은 몇 살이니?)

A Dad! Are you ready for some good news? (아빠! 좋은 소식 들을 준비됐어요?)

Are you ready for (명사)? = (명사)에 대한 준비가 됐니?

→ Are you ready for some dessert? (디저트 좀 먹을 준비됐니?)

→ Are you ready for the party? (파티 즐길 준비됐나요?)

B Well, I'm always ready for good news. (음, 좋은 소식 들을 준비는 항상 돼 있지.)

I am ready for (명사). = 난 (명사)에 대한 준비가 됐어.

→ I am ready for the test. (난 그 시험에 대한 준비가 됐어.)

→ I am ready for his proposal. (난 그의 청혼을 받을 준비가 됐어.)

A I got a job at Mayu Motors! (저 마유 모터스에 취직했어요!)

I got a job at (명사). = 나 (명사)에 취직했어.

→ I got a job at EBS. (나 EBS에 취직했어.)

→ My daughter got a job at Mayu Company.
(우리 딸이 마유 컴퍼니에 취직했어.)

B That's my girl! I'm so proud of you!

(역시 우리 딸이야! 네가 엄청 자랑스럽구나!)

be동사 proud of (명사) = (명사)가 자랑스럽다

→ I am proud of myself. (난 내 자신이 자랑스러워.)

→ Are you proud of me? (넌 내가 자랑스럽니?)

DAY 56

취직한 딸

1 좋은 시간에 대한 준비가 됐나요? =_____

2 난 그 프레젠테이션에 대한 준비가 됐어. =_____

3 나 LZ에 취직했어. =_____

4 우린 우리 아들이 자랑스러워요. =_____

Are you ready for a good time? | | I am ready for the presentation. | | I got a job at LZ. |
We are proud of our son.

시동이 걸릴 생각을 안 해
_일상

STEP 1

A My car won't _____. (제 차가 시동 걸릴 생각을 안 해요.)

A Can you take a look at ____? (살펴봐주실 수 있나요?)

B Hmm. You might need a new _____.
(흠. 어쩌면 새 배터리가 필요하실지도 몰라요.)

B I have to _____ it first. (먼저 그걸 테스트해봐야 해요.)

STEP 2

• **start** | 시작하다
→ The show started 10 minutes ago. (그 쇼는 10분 전에 시작했어.)
→ When did it start? (그게 언제 시작했죠?)

• **it** | 그것
→ I didn't see it. (난 그거 못 봤어.)
→ It's not my problem. (그건 내 문제가 아니야.)

• **battery** | 건전지, 배터리
→ How much are these batteries? (이 건전지들은 얼마예요?)
→ My battery is dead. (내 배터리가 죽었어.)

• **test** | 테스트해보다, 시험해보다
→ Let's test the battery. (배터리를 테스트해보자.)
→ They are testing the computer. (그들은 그 컴퓨터를 테스트 중이야.)

A **My car won't start.** (제 차가 시동 걸릴 생각을 안 해요.)

won't (동사원형) = (동사원형)할 생각을 안 하다

→ My brother won't help me. (우리 형은 날 도와줄 생각을 안 해.)

→ My dog won't move. (내 개는 움직일 생각을 안 해.)

A **Can you take a look at it?** (살펴봐주실 수 있나요?)

take a look at (명사) = (명사)를 살펴보다

→ Did you take a look at my resume? (제 이력서를 살펴보셨어요?)

→ Let's take a look at this sample. (이 샘플을 살펴봅시다.)

B **Hmm. You might need a new battery.**

(흠. 어쩌면 새 배터리가 필요하실지도 몰라요.)

might (동사원형) = 어쩌면 (동사원형)할지도 몰라

→ She might need you now. (그녀는 지금 네가 필요할지도 몰라.)

→ I might be late. (나 어쩌면 늦을지도 몰라.)

B **I have to test it first.** (먼저 그걸 테스트해봐야 해요.)

have to (동사원형) = (동사원형)해야만 한다

→ I have to lose weight first. (난 살부터 빼야만 해.)

→ She has to submit this form. (그녀는 이 양식을 제출해야만 해.)

DAY 57

시동이 걸릴 생각을 안 해

1 내 친구들은 날 방문할 생각을 안 해. =＿＿＿＿＿＿＿

2 내가 네 숙제를 살펴볼 수 있어. =＿＿＿＿＿＿＿

3 그들은 어쩌면 널 고용할지도 몰라. =＿＿＿＿＿＿＿

4 Mini는 그녀의 매니저를 봐야만 해. =＿＿＿＿＿＿＿

Mini has to see her manager.

My friends won't visit me. | I can take a look at your homework. | They might hire you.

주문 상품 문의하기

CHECK | 손영작 ☐ 입영작 ☐ 반복낭독 ☐ 수업 듣기 ☐

STEP 1

A _____ Service. This is Peter Speaking. (고객센터 Peter입니다.)

B Hi, I haven't received the _____ I ordered.
(안녕하세요, 주문한 반바지를 못 받아서요.)

A What's your order _____, please? (손님 주문 번호가 어떻게 되나요?)

B Hold on. I have it on my _____. (잠시만요. 저 그거 전화기에 있어요.)

STEP 2

- **customer** | 손님, 고객
  - → I hate rude customers. (난 무례한 손님들이 싫어.)
  - → The customer is complaining. (그 손님이 불평하고 있어.)

- **shorts** | 반바지
  - → Are these your shorts? (이거 네 반바지야?)
  - → I don't wear shorts. (난 반바지를 안 입어.)

- **number** | 숫자, 번호
  - → Is this your number? (이게 네 번호니?)
  - → This is my reservation number. (이게 제 예약 번호예요.)

- **phone** | 전화기
  - → My phone is broken. (내 전화기는 고장 났어.)
  - → I dropped my phone. (난 내 전화기를 떨어뜨렸어.)

A **Customer Service. This is Peter Speaking.** (고객센터 Peter입니다.)
This is (이름) speaking. = (이름)이 전화 받았습니다. / (이름)입니다.

→ Hello. This is Mayu speaking. (여보세요. 마유입니다.)

→ This is Catherine speaking. (Catherine입니다.)

B **Hi, I haven't received the shorts I ordered.**
(안녕하세요, 주문한 반바지를 못 받아서요.)
I haven't received (명사). = 전 (명사)를 못 받았어요.

→ I haven't received the item. (전 그 상품을 못 받았어요.)

→ I haven't received my boots. (전 제 부츠를 못 받았어요.)

A **What's your order number, please?** (손님 주문 번호가 어떻게 되나요?)
What's (명사)? = (명사)는 뭐죠?

→ What's your last name? (손님의 성은 뭔가요?)

→ What's your password? (네 비밀번호는 뭐니?)

B **Hold on. I have it on my phone.** (잠시만요. 저 그거 전화기에 있어요.)
have (명사) on (사람)'s phone
= (명사)를 (사람)의 전화기에 가지고 있다 / (명사)가 (사람)의 전화기에 있다

→ I have the picture on my phone. (나 그 사진 전화기에 있어.)

→ She has the file on her phone. (그녀는 그 파일이 전화기에 있어.)

DAY 58

주문 상품 문의하기

1 Mini가 전화 받았습니다. (Mini입니다.) =_____

2 전 제 블라우스를 못 받았어요. =_____

3 네 이메일 주소는 뭐야? =_____

4 나 그 정보 내 전화기에 있어. =_____

This is Mini speaking. | I haven't received my blouse. | What's your email address? | I have the information on my phone.

127

STEP 1

A I need to go get some _____. (가서 현금 좀 가져와야겠어.)

B Are you trying to tip the _____? (종업원에게 팁 주려는 거야?)

B It says 'Gratuity is included' on the _____.
(영수증에 '팁이 포함되어 있음'이라고 써 있는데.)

A I can't believe I _____ that. (그걸 놓쳤다니 믿을 수가 없네.)

STEP 2

- **cash** | 현금
  - → Cash is always good. (현금은 항상 좋죠.)
  - → I don't have any cash. (현금이 조금도 없는데요.)

- **waitress** | 여자종업원, 웨이트리스
  - → I am a waitress. (전 웨이트리스예요.)
  - → I know that waitress. (나 저 웨이트리스 알아.)

- **receipt** | 영수증
  - → Is this your receipt? (이게 손님 영수증인가요?)
  - → I have lost my receipt. (전 그 영수증을 잃어버렸어요.)

- **miss** | 놓치다
  - → I almost missed the train. (난 그 열차를 놓칠 뻔했어.)
  - → Don't miss this opportunity. (이 기회를 놓치지 마세요.)

A **I need to go get some cash.** (가서 현금 좀 가져와야겠어.)

go (동사원형) = 가서 (동사원형)하다

→ Go talk to your friends. (가서 네 친구들과 얘기해.)

→ Go see your doctor. (가서 너희 의사선생님을 봐.)

B **Are you trying to tip the waitress?** (종업원에게 팁 주려는 거야?)

try to (동사원형) = (동사원형)하려고 노력하다 / 하려고 하다

→ I tried to help you. (난 널 도와주려 한 거야.)

→ I am trying to pass it. (난 그걸 패스하려고 노력 중이야.)

B **It says 'Gratuity is included' on the receipt.**

(영수증에 '팁이 포함되어 있음'이라고 써 있는데.)

It says '(평서문/명사)'. = '(평서문/명사)'라고 써 있어.

→ It says 'Do not park here'. ('여기 주차하지 마시오'라고 써 있어.)

→ It says 'WARNING'. ('경고'라고 써 있어.)

A **I can't believe I missed that.** (그걸 놓쳤다니 믿을 수가 없네.)

I can't believe (평서문). = (평서문)이라니 믿을 수가 없네.

→ I can't believe she knows me. (그녀가 날 안다니 믿을 수가 없네.)

→ I can't believe you are a mom. (네가 엄마라니 믿을 수가 없네.)

DAY 59 청구서에 포함된 팁

1 가서 너희 선생님께 물어봐. =_____

2 난 자려고 노력 중이야. =_____

3 '흡연하지 마시오'라고 써 있어. =_____

4 그들이 친구라니 믿을 수가 없네. =_____

Go ask your teacher. | I am trying to sleep. | It says 'Do not smoke'. | I can't believe they are friends.

감동한 선생님

CHECK | 손영작 ☐ 입영작 ☐ 반복낭독 ☐ 수업 듣기 ☐

STEP 1

A Mini⋯ Is this _____ for me? (Mini 씨⋯ 이 피자 절 위한 건가요?)

B I wanted to thank you for _____ us.
(저희를 가르쳐주셔서 감사드리고 싶었어요.)

A No, no. It's my _____. It's my pleasure.
(아니에요. 아니에요. 제 임무예요. 제 기쁨인데요.)

B I _____ you keep on teaching us. (계속 저희를 가르쳐주시면 좋겠어요.)

STEP 2

• **pizza** | 피자

→ Do you like pizza? (너 피자 좋아해?)

→ The pizza was pretty cheap. (그 피자는 꽤 저렴했어.)

• **teach** | ~를 가르치다

→ I teach little children. (난 어린아이들을 가르쳐.)

→ Mayu taught me. (마유가 날 가르쳐줬어.)

• **mission** | 임무

→ That's an impossible mission. (그건 불가능한 임무야.)

→ It is our mission. (그건 저희의 임무입니다.)

• **hope** | 바라다

→ I hope you are okay. (네가 괜찮길 바라.)

→ I hope I am not late. (내가 늦은 게 아니길 바라.)

A **Mini··· Is this pizza for me?** (Mini 씨··· 이 피자 절 위한 건가요?)

Is/Are (명사) for (사람)? = (명사)는 (사람)을 위한 거니?

→ Is this ring for me? (이 반지는 날 위한 거니?)

→ Are these roses for your wife? (이 장미는 당신의 아내를 위한 건가요?)

B **I wanted to thank you for teaching us.**

(저희를 가르쳐주셔서 감사드리고 싶었어요.)

for (~ing) = (~ing)한 것에 대해 / (~ing)해줘서

→ Thank you for helping me. (날 도와줘서 고마워.)

→ Thank you for watching WCB English. (왕초보영어를 시청해주셔서 고맙습니다.)

A **No, no. It's my mission. It's my pleasure.**

(아니에요. 아니에요. 제 임무예요. 제 기쁨인데요.)

pleasure = 기쁨

→ It is my pleasure. (그건 제 기쁨이에요. / 천만에요.)

→ The pleasure is mine. (기쁨은 제 것이죠. / 오히려 제가 더 기쁘죠.)

B **I hope you keep on teaching us.** (계속 저희를 가르쳐주시면 좋겠어요.)

Keep on (~ing) = 계속 (~ing)하다

→ Keep on running. (계속 달려.)

→ She kept on trying. (그녀는 계속 시도했어.)

DAY 60

감동한 선생님

1 이 교재는 절 위한 건가요? =_____

2 와줘서 고마워. =_____

3 그건 저희의 기쁨이에요. =_____

4 계속 얘기해. =_____

Is this textbook for me? | Thank you for coming. | It is our pleasure. | Keep on talking.

영어 배우는 멋진 엄마

_가정

STEP 1

A Mom, do you know how to _____ English?
(엄마, 엄마는 영어를 할 줄 아세요?)

B I'm not good at it, but I'm _____. (잘하지는 못하지만 노력 중이야.)

A I want to _____ from you. (엄마한테서 배우고 싶어요.)

B Let's watch WCB English every _____. (매일 아침 왕초보영어를 보자.)

STEP 2

- **speak** | 구사하다
  - → I speak Korean and English. (난 한국어와 영어를 해.)
  - → My mom speaks three languages. (우리 엄마는 언어 세 개를 구사해.)

- **try** | 노력하다, 시도하다
  - → I am trying hard. (난 열심히 노력 중이야.)
  - → I am trying to lose weight. (난 살 빼려고 노력 중이야.)

- **learn** | 배우다
  - → She learned Spanish. (그녀는 스페인어를 배웠어.)
  - → I want to learn more. (난 더 배우고 싶어. / 더 알고 싶어.)

- **morning** | 아침
  - → I will see you in the morning. (아침에 보자.)
  - → Good morning, everyone! (모두들, 좋은 아침!)

A **Mom, do you know how to speak English?**

(엄마, 엄마는 영어를 할 줄 아세요?)

how to (동사원형) = (동사원형)하는 법 / 어떻게 (동사원형)하는지

→ I know how to ski. (나 어떻게 스키 타는지 알아.)

→ She knows how to cook. (그녀는 요리하는 법을 알아.)

B **I'm not good at it, but I'm trying.** (잘하지는 못하지만 노력 중이야.)

be good at (명사) = (명사)를 잘하다

→ I am good at singing. (난 노래를 잘해.)

→ She is good at math. (그녀는 수학을 잘해.)

A **I want to learn from you.** (엄마한테서 배우고 싶어요.)

learn from (명사) = (명사)한테서 배우다

→ I learned from the best. (난 최고한테서 배웠지.)

→ She is learning from her mom. (그녀는 자기 엄마한테서 배우고 있어.)

B **Let's watch WCB English every morning.** (매일 아침 왕초보영어를 보자.)

every morning = 매일 아침

→ I see Mayu and Mini every morning. (난 매일 아침 마유와 Mini를 봐.)

→ Let's exercise every morning. (매일 아침 운동하자.)

DAY 61

영어 배우는 맛진 엄마

1 난 요리하는 법을 잊어버렸어. =＿＿＿＿＿＿＿＿＿＿＿

2 우린 축구를 잘해. =＿＿＿＿＿＿＿＿＿＿＿＿＿＿

3 그녀는 내 친구한테서 배우고 있어. =＿＿＿＿＿＿＿＿

4 난 매일 아침 걸어. =＿＿＿＿＿＿＿＿＿＿＿＿＿

I forgot how to cook. | We are good at soccer. | She is learning from my friend. | I walk every morning.

STEP 1

A _____ _____! We're going to miss the bus! (서둘러! 우리 버스 놓치겠어!)

B Let me just put on some _____! (화장만 좀 할게!)

A I told you to get up _____! (내가 일찍 일어나라고 말했잖아!)

B _____ didn't wake me up! (엄마가 날 안 깨워줬어!)

STEP 2

• **hurry up** | 서두르다

→ Hurry up and come downstairs! (서둘러서 아래층으로 내려와!)

→ You should hurry up. (너 서두르는 게 좋겠다.)

• **makeup** | 화장

→ I don't wear makeup. (난 화장을 안 해.)

→ My sister is putting on makeup. (우리 언니는 화장하고 있어.)

• **early** | 일찍

→ Why don't you leave early? (너 일찍 떠나는 게 어때?)

→ The soccer team arrived early. (그 축구팀은 일찍 도착했어.)

• **mom** | 엄마

→ Where are you, Mom? (엄마, 어디 있어요?)

→ My mom is good at dancing. (우리 엄마는 춤을 잘 추셔.)

A **Hurry up! We're going to miss the bus!** (서둘러! 우리 버스 놓치겠어!)

be going to (동사원형) = (동사원형)할 것이다

→ She is going to fall. (걔는 넘어질 거야.)

→ The train is going to arrive late. (그 열차는 늦게 도착할 거야.)

B **Let me just put on some makeup!** (화장만 좀 할게!)

put on (명사) = (명사)를 바르다

→ Put on some sunscreen. (선크림을 좀 발라.)

→ I have to put on makeup first. (나 화장 먼저 해야 해.)

A **I told you to get up early!** (내가 일찍 일어나라고 말했잖아!)

tell (사람) to (동사원형) = (사람)에게 (동사원형)하라고 말하다 / 시키다

→ I told you to calm down! (내가 너한테 침착하라고 말했지!)

→ Mayu told us to practice. (마유가 우리에게 연습하라고 시켰어.)

B **Mom didn't wake me up!** (엄마가 날 안 깨워줬어!)

wake (사람) up = (사람)을 깨우다

→ Don't wake me up. (날 깨우지 마.)

→ I woke them up early. (난 그들을 일찍 깨웠어.)

DAY 62

늦게 일어난 누나

1 그 버스는 곧 떠날 거야. =＿＿＿＿＿＿＿＿＿＿＿＿＿＿

2 넌 화장하고 있니? =＿＿＿＿＿＿＿＿＿＿＿＿＿＿＿

3 그녀가 나한테 조용히 하라고 말했어. =＿＿＿＿＿＿＿＿＿

4 그녀를 깨우지 마. =＿＿＿＿＿＿＿＿＿＿＿＿＿＿＿

The bus is going to leave soon. | Are you putting on makeup? | She told me to be quiet. | Don't wake her up.

STEP 1

A Customer Service. _____ may I help you? (고객센터입니다. 어떻게 도와드릴까요?)

B I ordered a _____ _____ a few days ago.
(며칠 전에 와이셔츠를 주문했는데요.)

B Could you _____ its delivery status? (배송 상태 좀 확인해주실 수 있을까요?)

A Sure. I just need to verify your _____.
(그럼요. 고객님 정보만 확인하면 됩니다.)

STEP 2

• **how** | 어떻게, 어떤
→ How did you do it? (너 그거 어떻게 했어?)
→ How can I get there? (제가 거기에 어떻게 갈 수 있죠?)

• **dress shirt** | 와이셔츠
→ You got something on your dress shirt. (뭔가 네 와이셔츠에 묻었어.)
→ Is this a new dress shirt? (이거 새 와이셔츠니?)

• **check** | 확인하다
→ Did you check your pockets? (네 주머니를 확인했니?)
→ Please check your name. (성함을 확인해주세요.)

• **information** | 정보
→ This is the wrong information. (이건 틀린 정보야.)
→ We need more information. (저희는 더 많은 정보가 필요해요.)

A **Customer Service. How may I help you?** (고객센터입니다. 어떻게 도와드릴까요?)

How may I help you? = 어떻게 도와드릴까요?

→ How may I help you? / I need more towels.
(어떻게 도와드릴까요? / 수건이 더 필요해요.)

→ How may I help you? / I've lost my key.
(어떻게 도와드릴까요? / 제 열쇠를 잃어버렸어요.)

B **I ordered a dress shirt a few days ago.** (며칠 전에 와이셔츠를 주문했는데요.)

(기간) ago = (기간) 전에

→ I was there 3 days ago. (나 거기에 3일 전에 있었어.)

→ She quit 2 years ago. (그녀는 2년 전에 그만뒀어.)

B **Could you check its delivery status?** (배송상태 좀 확인해주실 수 있을까요?)

Could you (동사원형)? = (동사원형)해주실 수 있을까요?

→ Could you take a picture of us? (저희 사진 좀 찍어주실 수 있을까요?)

→ Could you stay with us? (저희와 함께 있어주실 수 있을까요?)

A **Sure. I just need to verify your information.**
(그럼요. 고객님 정보만 확인하면 됩니다.)

need to (동사원형) = (동사원형)할 필요가 있다 / 해야 한다

→ I need to go back home. (난 집에 돌아가야 해.)

→ You need to break the bad habit. (넌 그 나쁜 습관을 고쳐야 해.)

DAY 63

배송 상태 확인하기

1 어떻게 도와드릴까요? = _____

2 그녀는 여기에 10분 전에 있었어. = _____

3 제 가방들을 옮겨주실 수 있을까요? = _____

4 그녀는 영어를 배울 필요가 있어. = _____

She needs to learn English.
| How may I help you? | She was here 10 minutes ago. | Could you move my bags?

바깥 테이블 잡기

CHECK | 손영작 ☐ 입영작 ☐ 반복낭독 ☐ 수업 듣기 ☐

STEP 1

A Do you have a table _____? (바깥에도 테이블이 있나요?)

B Yes, but it's a bit _____ at night. (그렇긴 한데 밤에는 약간 쌀쌀해요.)

B I can get you _____ if you want. (원하시면 담요를 가져다드릴 수 있어요.)

A Oh, that would be _____. (오, 그래주시면 너무 좋죠.)

STEP 2

- **outside** | 바깥에, 바깥으로
  - → What's outside? (바깥에는 뭐가 있어요?)
  - → Go outside. (바깥으로 나가.)

- **chilly** | 쌀쌀한
  - → It's chilly in the morning. (아침엔 쌀쌀해.)
  - → Isn't it chilly in here? (이 안에 쌀쌀하지 않니?)

- **blanket** | 담요
  - → We need more blankets. (저희 담요가 더 필요해요.)
  - → This blanket is dirty. (이 담요는 더러워요.)

- **lovely** | 사랑스러운, 너무 좋은
  - → It was a lovely dinner. (그건 너무 좋은 저녁식사였어.)
  - → This is a lovely party. (이거 사랑스러운 파티다.)

A Do you have a table outside? (바깥에도 테이블이 있나요?)

　　Do you have (명사)? = (명사)를 가지고 있나요? / (명사)가 있나요?

→ Do you have an eraser? (너 지우개 있니?)

→ Do you have a question? (질문이 있나요?)

B Yes, but it's a bit chilly at night. (그렇긴 한데 밤에는 약간 쌀쌀해요.)

　　at night = 밤에

→ It's cold at night. (밤에는 추워.)

→ We went to Hollywood at night. (우린 밤에 할리우드를 갔어.)

B I can get you blankets if you want. (원하시면 담요를 가져다드릴 수 있어요.)

　　get (사람) (명사) = (사람)에게 (물건)을 가져다주다 / 사주다

→ I can get you hot milk. (너에게 뜨거운 우유를 가져다줄 수 있어.)

→ Can you get me some tea? (저에게 차를 좀 가져다줄 수 있나요?)

A Oh, that would be lovely. (오, 그래주시면 너무 좋죠.)

　　That would be lovely. = 그래주시면 너무 좋죠.

→ Let me help you. / That would be lovely.
　　(도와드릴게요. / 그래주시면 너무 좋죠.)

→ I'll give you a plastic bag. / That would be lovely.
　　(비닐봉지 드릴게요. / 그래주시면 너무 좋죠.)

1 너 개 있니? = _____

2 그들은 밤에 나와. = _____

3 난 그녀에게 뜨거운 물을 가져다줬어. = _____

4 그래주시면 너무 좋죠. = _____

Do you have a dog? | They come out at night. | I got her hot water. | That would be lovely.

DAY 64

바깥 테이블 잡기

CHECK | 손영작 ☐ 입영작 ☐ 반복낭독 ☐ 수업 듣기 ☐

STEP 1

A Is there an amusement _____ near the city? (도시 근처에 놀이공원이 있나요?)

B Mayu Land is 20 _____ away from here.
(마유 랜드가 여기서 20분 거리에 있어요.)

A How can I get _____? (거기에 어떻게 갈 수 있죠?)

B The _____ come here every 10 minutes. (셔틀버스가 여기에 10분마다 와요)

STEP 2

• **park** | 공원
→ She is jogging in the park. (그녀는 그 공원에서 조깅하고 있어.)
→ I see a huge park. (난 큰 공원이 보여.)

• **minute** | 분
→ It takes 30 minutes. (그건 30분이 걸려요.)
→ It's 10 minutes away. (그건 10분 떨어져 있어.)

• **there** | 거기에, 거기에서, 거기로, 거기
→ What's there? (거기에 뭐가 있는데?)
→ Go there. (거기로 가.)

• **shuttle** | 셔틀버스
→ They have airport shuttles. (그들은 공항 셔틀버스가 있어.)
→ The shuttle just arrived. (그 셔틀버스는 방금 도착했어.)

A **Is there an amusement park near the city?** (도시 근처에 놀이공원이 있나요?)

near (명사) = (명사)의 근처에

→ There's a zoo near the city. (그 도시 근처에 동물원이 있어.)

→ The theater is near your house. (그 극장은 너희 집 근처에 있어.)

B **Mayu Land is 20 minutes away from here.**

(마유 랜드가 여기서 20분 거리에 있어요.)

(시간) away from (명사) = (명사)에서 (시간) 거리에 있는

→ The airport is 30 minutes away from here. (그 공항은 여기서 30분 거리에 있어.)

→ The beach is 2 hours away from the city.

(그 해변은 그 도시에서 2시간 거리에 있어.)

A **How can I get there?** (거기에 어떻게 갈 수 있죠?)

get to (장소) = (장소)에 가다 / 도달하다

→ How can I get to the store? (그 가게에 어떻게 갈 수 있나요?)

→ I got here 5 minutes ago. (나 여기에 5분 전에 도착했어.)

B **The shuttles come here every 10 minutes.** (셔틀버스가 여기에 10분마다 와요.)

every (기간) = (기간)마다

→ It comes here every 2 hours. (그건 여기 2시간마다 와.)

→ I visit them every 3 months. (난 그들을 3개월마다 방문해.)

DAY 65

놀이공원 놀러 가기

1 그 슈퍼마켓은 이 건물 근처에 있어. =_____

2 그 학교는 여기에서 1시간 거리에 있어. =_____

3 난 제때에 그 공항에 도착했어. =_____

4 난 그녀를 3일마다 봐. =_____

The supermarket is near this building. | The school is an hour away from here. | I got to the airport on time. | I see her every 3 days.

남편에게 아이 맡기기

_가정

STEP 1

A Please pick up Mayu from the _____ _____ today.
(오늘 마유 좀 놀이방에서 픽업해줘요.)

A I have to attend my _____ _____ reunion.
(나 고등학교 동창회 참석해야 해요.)

B OK. I'll pick him up after _____. (알겠어요. 일 끝나고 픽업할게요.)

B Have a good time and drive _____. (좋은 시간 보내고 안전하게 운전해요.)

STEP 2

• **daycare center** | 놀이방
→ A new daycare center opened. (새 놀이방이 열었어.)
→ I am looking for a daycare center. (전 놀이방을 찾고 있어요.)

• **high school** | 고등학교
→ We went to the same high school. (우린 같은 고등학교를 다녔어.)
→ He is in high school. (그는 고등학교에 있어. / 고등학생이야.)

• **work** | 일, 일자리
→ Call me after work. (일 끝나고 나한테 전화해.)
→ I didn't go to work. (나 출근 안 했어.)

• **safely** | 안전하게
→ Always drive safely. (항상 안전하게 운전해.)
→ The plane arrived safely. (그 비행기는 안전하게 도착했어.)

A **Please pick up Mayu from the daycare center today.**
(오늘 마유 좀 놀이방에서 픽업해줘요.)
pick up (명사) from (장소) = (명사)를 (장소)에서 픽업하다
→ I picked up Mayu from the hotel. (난 마유를 그 호텔에서 픽업했어.)
→ Pick up the box from the warehouse. (그 창고에서 그 상자를 픽업해.)

A **I have to attend my high school reunion.** (나 고등학교 동창회 참석해야 해요.)
attend (명사) = (명사)에 참석하다
→ I attended the seminar. (난 그 세미나에 참석했어.)
→ Did you attend the party? (넌 그 파티에 참석했니?)

B **OK. I'll pick him up after work.** (알겠어요. 일 끝나고 픽업할게요.)
pick (대명사) up = (대명사)를 픽업하다
→ Pick me up from the airport. (그 공항에서 날 픽업해.)
→ I picked it up from the post office. (난 그 우체국에서 그걸 픽업했어.)

B **Have a good time and drive safely.** (좋은 시간 보내고 안전하게 운전해요.)
have a good time = 좋은 시간을 보내다
→ We had a good time together. (우린 함께 즐거운 시간을 보냈어.)
→ Did you have a good time? (좋은 시간 보냈니?)

1 Ashley를 그 병원에서 픽업해. =＿＿＿＿＿＿＿＿＿
2 난 그 파티에 참석할 수 없어. =＿＿＿＿＿＿＿＿＿
3 우릴 픽업해줘. =＿＿＿＿＿＿＿＿＿
4 좋은 시간을 보내자. =＿＿＿＿＿＿＿＿＿

Let's have a good time.
| Pick up Ashely from the hospital. | I can't attend the party. | Please pick us up.

143

전화로 메시지 남기기 _일상

CHECK | 손영작 ☐ 입영작 ☐ 반복낭독 ☐ 수업 듣기 ☐

STEP 1

A Hello. Is Mr. Mayu in the _____? (여보세요. 마유 씨 사무실에 계신가요?)

B I'm sorry. He is on a _____ _____. (죄송합니다. 출장 중이세요.)

B Would you like to leave a _____ with me?
(저를 통해 메시지를 남기고 싶으신가요?)

A Please tell him to call me _____ _____.
(저에게 다음 주에 전화해달라고 해주세요.)

STEP 2

- **office** | 사무실
  - → Where's your office? (당신 사무실은 어디에 있나요?)
  - → Mini is in the office. (Mini는 사무실에 있어.)

- **business trip** | 출장
  - → We had a business trip. (우린 출장이 있었어.)
  - → It was an expensive business trip. (그건 비싼 출장이었어.)

- **message** | 메시지
  - → Send me a message. (내게 메시지를 보내.)
  - → Did you get my message? (너 내 메시지 받았어?)

- **next week** | 다음 주에
  - → Polly is coming next week. (Polly는 다음 주에 와.)
  - → I will see you next week. (다음 주에 보자.)

A **Hello. Is Mr. Mayu in the office?** (여보세요. 마유 씨 사무실에 계신가요?)

Is/Are (주어) in the office? = (주어)가 사무실에 계신가요?

→ Are you in the office? (너 사무실에 있니?)

→ Is Mr. Kim in the office? (Kim 씨는 사무실에 계신가요?)

B **I'm sorry. He is on a business trip.** (죄송합니다. 출장 중이세요.)

on a business trip = 출장 중인

→ My boss is on a business trip. (우리 상사는 출장 중이야.)

→ Is your husband on a business trip? (너희 남편은 출장 중이니?)

B **Would you like to leave a message with me?**

(저를 통해 메시지를 남기고 싶으신가요?)

leave a message with (사람) = (사람)을 통해 메시지를 남기다

→ Leave a message with my secretary. (제 비서를 통해 메시지를 남기세요.)

→ I left a message with your coworker. (전 당신 동료를 통해 메시지를 남겼어요.)

A **Please tell him to call me next week.**

(저에게 다음 주에 전화해달라고 해주세요.)

tell (사람) to (동사원형) = (사람)에게 (동사원형)하라고 말하다 / 시키다

→ Tell her to email me. (그녀에게 내게 이메일 하라고 말해줘.)

→ I told you to stay here. (내가 너한테 여기 있으라고 했잖아.)

STEP 4

1 Brown 씨가 사무실에 계신가요? =_____

2 너 출장 중이니? =_____

3 그가 저를 통해 메시지를 남겼어요. =_____

4 그들에게 조용히 하라고 말해. =_____

Is Mr. Brown in the office? | Are you on a business trip? | He left a message with me. | Tell them to be quiet.

온라인 지불 문의하기

쇼핑

STEP 1

A I haven't _____ my electricity bill for April.
(4월 전기세 청구서를 못 받았는데요.)

A Can I _____ it online? (그거 온라인으로 내도 되나요?)

B Sure. Signing up is _____. (그럼요. 등록하는 거 쉬워요.)

B Call us back if you have any _____.
(어떤 문제라도 있으면 저희에게 도로 연락주세요.)

STEP 2

• **receive** | 받다
  → I received a letter. (난 편지를 받았어.)
  → She received an award. (그녀는 상을 받았어.)

• **pay** | 지불하다, 돈을 내다
  → I paid the bill. (난 그 청구서를 냈어.)
  → I paid for this toy. (저 이 장난감 돈 냈어요.)

• **easy** | 쉬운
  → Life is not easy. (인생은 쉽지 않아.)
  → That was an easy job. (그건 쉬운 일이었어.)

• **problem** | 문제
  → Is there a problem? (문제가 있나요?)
  → That's not your problem. (그건 네 문제가 아니야.)

A I haven't received my electricity bill for April.

(4월 전기세 청구서를 못 받았는데요.)

haven't (p.p.) = (p.p.)해본 적 없다 / (p.p.)한 상태가 아니다

→ I haven't seen a turtle. (난 거북이를 본 적이 없어.)

→ I haven't received the box. (전 그 상자를 받은 상태가 아니에요.)

A Can I pay it online? (그거 온라인으로 내도 되나요?)

online = 온라인으로, 온라인에서

→ I bought this online. (난 이걸 온라인에서 샀어.)

→ I submitted my homework online. (난 내 숙제를 온라인으로 제출했어.)

B Sure. Signing up is easy. (그럼요. 등록하는 거 쉬워요.)

sign up = 등록하다, 신청하다

→ I signed up for his class. (난 그의 수업을 등록했어.)

→ We already signed up. (우리 이미 신청했어.)

B Call us back if you have any problems.

(어떤 문제라도 있으면 저희에게 도로 연락주세요.)

if (평서문) = (평서문)이라면

→ Eat this if you are hungry. (배고프면 이거 먹어.)

→ I will be mad if she calls you. (그녀가 너한테 전화하면 난 화가 날 거야.)

1 난 호랑이를 본 적이 없어. =＿＿＿＿＿＿＿＿＿＿＿＿＿

2 난 그걸 온라인에서 했어. =＿＿＿＿＿＿＿＿＿＿＿＿＿

3 너 등록했니? =＿＿＿＿＿＿＿＿＿＿＿＿＿

4 목마르면 이거 마셔. =＿＿＿＿＿＿＿＿＿＿＿＿＿

I haven't seen a tiger. | I did it online. | Did you sign up? | Drink this if you are thirsty.

드레싱 고르기

STEP 1

A Here's your _____ and hot bread. (여기 손님 샐러드와 뜨거운 빵 나왔습니다.)

B Oh, wow! The _____ smells so good! (오, 와! 빵 냄새가 엄청 좋네요!)

A What kind of _____ would you like on your salad?
(샐러드에 무슨 종류의 드레싱을 원하시나요?)

B I'll go for balsamic _____. (발사믹 식초로 할게요.)

STEP 2

- **salad** | 샐러드
  - → Would you like salad? (샐러드를 원하시나요?)
  - → This is the most popular salad. (이게 가장 인기 있는 샐러드예요.)

- **bread** | 빵
  - → Let's share this bread. (이 빵을 나눠 먹자.)
  - → I can't live without bread. (난 빵 없이는 못 살아.)

- **dressing** | 드레싱
  - → I don't want any dressing on my salad. (전 제 샐러드에 드레싱을 원치 않아요.)
  - → What is this dressing? (이 드레싱은 뭐예요?)

- **vinegar** | 식초
  - → Add more vinegar. (식초를 더 넣어.)
  - → She put in too much vinegar. (그녀는 너무 많은 식초를 넣었어.)

A **Here's your salad and hot bread.** (여기 손님 샐러드와 뜨거운 빵 나왔습니다.)

Here's (명사). = 여기 (명사)있습니다. / 나왔습니다.

→ Here's your ticket. (여기 손님 티켓입니다.)

→ Here's your food. (여기 손님 음식 나왔습니다.)

B **Oh, wow! The bread smells so good!** (오, 와! 빵 냄새가 엄청 좋네요!)

smell (형용사) = 냄새가 (형용사)하다

→ Wow! It smells delicious! (와! 맛있는 냄새가 나네요!)

→ The cookie smelled sweet. (그 쿠키는 달콤한 냄새가 났어.)

A **What kind of dressing would you like on your salad?**

(샐러드에 무슨 종류의 드레싱을 원하시나요?)

What kind of (명사) would you like? = 무슨 종류의 (명사)를 원하시나요?

→ What kind of sugar would you like? (무슨 종류의 설탕을 원하시나요?)

→ What kind of music would you like? (무슨 종류의 음악을 원하시나요?)

B **I'll go for balsamic vinegar.** (발사믹 식초로 할게요.)

go for (명사) = (명사)로 선택하다 / (명사)로 하다

→ I will go for brown sugar. (황설탕으로 할게요.)

→ I want to go for this one. (난 이걸로 선택하고 싶어.)

DAY 69

드레싱 고르기

1 여기 당신의 여권이 있습니다. = _____

2 그 치킨은 맛있는 냄새가 나. = _____

3 무슨 종류의 소스를 원하시나요? = _____

4 이걸로 선택하자. = _____

Here's your passport. | The chicken smells good/delicious. | What kind of sauce would you like? | Let's go for this one.

149

버스 줄 물어보기

_여행

CHECK | 손영작 ☐ 입영작 ☐ 반복낭독 ☐ 수업 듣기 ☐

STEP 1

A Is this the _____ for bus #926? (이게 926번 버스 줄인가요?)

B Yes, but where are you _____? (그렇긴 한데 어디로 향하시는데요?)

A I need to ____ to Oceanside. (전 Oceanside로 가야 해요.)

B Oh, that's on the other side of the _____. (오, 그건 길 반대편에 있어요.)

STEP 2

- **line** | 줄, 선
  - → That is a long line! (엄청 긴 줄이네!)
  - → What is this red line? (이 빨간 선은 뭐예요?)

- **head** | 향하다
  - → He headed to London. (그는 런던으로 향했어.)
  - → The tourists are heading to the city. (그 여행객들은 그 도시로 향하고 있어.)

- **go** | 가다
  - → Don't go. (가지 마.)
  - → We used to go there every night. (우린 매일 밤 거기에 가곤 했어.)

- **road** | 찻길
  - → The roads are closed. (그 길들은 폐쇄되었습니다.)
  - → The roads are slippery. (찻길이 미끄럽습니다.)

A Is this the line for bus #926? (이게 926번 버스 줄인가요?)

Is this the line for bus #(번호)? = 이게 (번호)번 버스 줄인가요?

→ Is this the line for bus #10? (이게 10번 버스 줄인가요?)

→ Is this the line for bus #205? (이게 205번 버스 줄인가요?)

B Yes, but where are you heading? (그렇긴 한데 어디로 향하시는데요?)

Where are you (~ing)? = 너 어디로 / 어디에서 (~ing)하고 있니?

→ Where are you working? (너 어디에서 일하고 있니?)

→ Where are you going? (너 어디로 가고 있니?)

A I need to go to Oceanside. (전 Oceanside로 가야 해요.)

need to (동사원형) = (동사원형)할 필요가 있다 / 해야 한다

→ I need to go to Manhattan. (전 맨해튼으로 가야 해요.)

→ We need to see Mayu. (우린 마유를 봐야 해요.)

B Oh, that's on the other side of the road. (오, 그건 길 반대편에 있어요.)

on the other side of the road = 길 반대편에 있는

→ The temple is on the other side of the road. (그 사원은 길 반대편에 있어요.)

→ The convenience store is on the other side of the road.
(그 편의점은 길 반대편에 있어요.)

DAY 70

버스 줄어보기

1 이게 78번 버스 줄인가요? =_____

2 너 어디에서 먹고 있니? =_____

3 전 프랑스어를 배울 필요가 있어요. =_____

4 그 카페는 길 반대편에 있어요. =_____

Is this the line for bus #78? | Where are you eating? | I need to learn French. | The café is on the other side of the road.

CHECK | 손영작 ☐ 입영작 ☐ 반복낭독 ☐ 수업 듣기 ☐

STEP 1

A Can you put the _____ to sleep? (애들 좀 재울 수 있어요?)
B OK. Let me finish _____ first. (그래요. 요리하는 거 먼저 끝낼게요.)
A Just read them a _____. (그냥 애들에게 동화책을 읽어줘요.)
B I'll try a storybook in _____. (영어로 된 동화책을 시도해볼게요.)

STEP 2

• **kid** | 아이
  → I have three kids. (전 아이가 셋이에요.)
  → My boyfriend doesn't like kids. (내 남자 친구는 아이들을 안 좋아해.)

• **cook** | 요리하다
  → Let's start cooking. (요리하기 시작하자.)
  → My dad is good at cooking. (우리 아빠는 요리를 잘하셔.)

• **storybook** | 동화책
  → I bought a storybook for my kid. (난 내 아이를 위해 동화책을 샀어.)
  → This storybook is in English. (이 동화책은 영어로 되어 있어.)

• **English** | 영어
  → You speak good English. (너 영어 잘하는구나.)
  → English is easy to learn. (영어는 배우기에 쉬워.)

A Can you put the kids to sleep? (애들 좀 재울 수 있어요?)

put (사람) to sleep = (사람)을 재우다

→ I just put my kid to sleep. (난 방금 내 아이를 재웠어.)

→ I can't put Jerry to sleep. (Jerry를 재울 수가 없네.)

B OK. Let me finish cooking first. (그래요. 요리하는 거 먼저 끝낼게요.)

Let me (동사원형). = (동사원형)하게 해주세요. / 할게요.

→ Let me finish my homework. (제 숙제 좀 끝낼게요.)

→ Let me come back later. (나중에 다시 올게요.)

A Just read them a storybook. (그냥 애들에게 동화책을 읽어줘요.)

read (사람) (명사) = (사람)에게 (명사)를 읽어주다

→ Can you read me this book? (저에게 이 책을 읽어줄 수 있나요?)

→ I read her a poem. (난 그녀에게 시를 읽어줬어.)

B I'll try a storybook in English. (영어로 된 동화책을 시도해볼게요.)

in (언어) = (언어)로 되어 있는

→ I read a book in Korean. (난 한국어로 된 책을 읽었어.)

→ This brochure is in French. (이 브로슈어는 프랑스어로 되어 있어.)

DAY 71

애들 재우기

1 Peter 좀 재울 수 있어요? =_____

2 제가 그 창문을 열게요. =_____

3 난 그에게 이 책을 읽어줬어. =_____

4 이 편지는 중국어로 되어 있어. =_____

This letter is in Chinese.
Can you put Peter to sleep? | Let me open the window. | I read him this book. |

153

STEP 1

A How come you don't call me _____ anymore?
(어째서 나한테 더 이상 자주 전화 안 해?)

B Don't get me wrong. I'm just _____. (오해하지는 마. 나 그냥 바쁜 거야.)

A You used to call me _____ _____! (나한테 매일 전화하곤 했잖아!)

B I'm sorry. Don't be _____. (미안해. 화내지 마.)

STEP 2

- **often** | 자주, 종종
  - → She comes here often. (걔는 여기 자주 와.)
  - → I often forget their names. (난 종종 그들의 이름을 잊어버려.)

- **busy** | 바쁜
  - → Juliet is always busy. (Juliet은 항상 바빠.)
  - → Kyle is such a busy man. (Kyle은 엄청 바쁜 남자야.)

- **every day** | 매일
  - → I call Sue every day. (난 Sue에게 매일 전화해.)
  - → We see each other every day. (우린 서로를 매일 봐.)

- **mad** | 화난
  - → I am not mad. (나 화 안 났어.)
  - → Are you mad at me? (너 나한테 화났니?)

A How come you don't call me often anymore?

(어째서 나한테 더 이상 자주 전화 안 해?)

How come (평서문)? = 어째서 (평서문)이니?

→ How come you don't eat pork? (어째서 넌 돼지고기를 안 먹니?)

→ How come Larry is jealous? (어째서 Larry는 질투하니?)

B Don't get me wrong. I'm just busy. (오해하지는 마. 나 그냥 바쁜 거야.)

get (사람) wrong = (사람)을 오해하다

→ Don't get us wrong. (우릴 오해하지 마.)

→ You got me wrong. (넌 날 오해한 거야.)

A You used to call me every day! (나한테 매일 전화하곤 했잖아!)

used to (동사원형) = (동사원형)하곤 했다

→ I used to have a cat. (난 고양이가 있곤 했어.)

→ She used to be my friend. (그녀는 내 친구이곤 했어.)

B I'm sorry. Don't be mad. (미안해. 화내지 마.)

Don't (동사원형). = (동사원형)하지 마.

→ Don't be lazy. (게으르지 마.)

→ Don't say that. (그렇게 말하지 마.)

1 어째서 넌 내게 전화 안 했니? =＿＿＿＿＿＿＿＿＿＿

2 그녀는 우릴 오해했어. =＿＿＿＿＿＿＿＿＿＿

3 난 열심히 일하곤 했어. =＿＿＿＿＿＿＿＿＿＿

4 날 기다리지 마. =＿＿＿＿＿＿＿＿＿＿

How come you didn't call me? | She got us wrong. | I used to work hard. | Don't wait for me.

매표소에서 티켓 픽업하기

쇼핑

STEP 1

A Hi, I'm here to pick up my _____.
(안녕하세요, 제 티켓들을 픽업하러 왔는데요.)

B Did you _____ them on our website? (저희 웹사이트에서 구매하셨나요?)

A Yes. I printed out the _____. Here. (네. 영수증을 출력했어요. 여기요.)

B Can you show me your _____? (신분증을 보여주실 수 있나요?)

STEP 2

• **ticket** | 표, 티켓

→ I have free tickets. (난 무료 티켓들이 있어.)

→ The tickets are sold out. (그 티켓들은 매진되었어요.)

• **purchase** | 구매하다

→ I purchased a tent. (난 텐트를 구매했어.)

→ I purchased it 2 days ago. (전 그걸 이틀 전에 구매했어요.)

• **receipt** | 영수증

→ Do you have a receipt? (영수증 가지고 계세요?)

→ I don't have my receipt. (제 영수증 안 가지고 있는데요.)

• **ID** | 신분증

→ Do you have your ID? (신분증 가지고 계세요?)

→ I have lost my ID. (제 신분증을 잃어버렸어요.)

A Hi, I'm here to pick up my tickets. (안녕하세요, 제 티켓들을 픽업하러 왔는데요.)

I'm here to (동사원형). = 전 (동사원형)하러 왔는데요.

→ I'm here to see Mayu. (전 마유를 보러 왔는데요.)

→ I'm here to open an account. (전 계좌를 열려고 왔는데요.)

B Did you purchase them on our website? (저희 웹사이트에서 구매하셨나요?)

on (웹사이트류) = (웹사이트류)에서

→ I found this information on your website.
(전 이 정보를 당신 웹사이트에서 찾았어요.)

→ I saw it on ebs.co.kr. (전 그걸 ebs.co.kr에서 봤어요.)

A Yes. I printed out the receipt. Here. (네. 영수증을 출력했어요. 여기요.)

print out (명사) = (명사)를 출력하다

→ Please print out your ticket. (당신의 표를 출력하세요.)

→ I printed out the document. (전 그 서류를 출력했어요.)

B Can you show me your ID? (신분증을 보여주실 수 있나요?)

show (사람) (명사) = (사람)에게 (명사)를 보여주다

→ Show me your hand. (저에게 손을 보여주세요.)

→ I showed them something. (난 그들에게 뭔가를 보여줬어.)

1 전 Kelly와 얘기하러 왔는데요. =＿＿＿＿＿

2 난 그 사진을 당신 웹사이트에서 봤어요. =＿＿＿＿＿

3 난 그 신청서를 출력했어. =＿＿＿＿＿

4 저에게 당신의 여권을 보여주세요. =＿＿＿＿＿

Show me your passport. | I printed out the application. | I saw the picture on your website. | I'm here to talk to Kelly.

친구가 카페에 오는 이유 _식당

STEP 1

A This is my go-to _____. (여기가 내가 자주 찾는 카페야.)

B I love the interior and all the _____!
(인테리어랑 모든 가구가 엄청 마음에 드네!)

A To be honest with you, the barista is my _____.
(솔직히 말해서, 바리스타가 내 이상형이야.)

B It's no wonder you come here ____ ____ ____. (네가 여기 매번 오는 게 당연하네.)

STEP 2

- **café** | 카페
  - → I want to open a café. (난 카페를 열고 싶어.)
  - → This café is so quiet. (이 카페 엄청 조용하다.)

- **furniture** | 가구
  - → They sell cheap furniture. (그들은 저렴한 가구를 팔아.)
  - → Furniture is expensive in Korea. (한국엔 가구가 비싸.)

- **type** | 이상형
  - → He is totally my type. (그는 완전 내 이상형이야.)
  - → Is he your type? (그가 네 이상형이니?)

- **all the time** | 매번
  - → I come here all the time. (저 여기 매번 와요. / 저 여기 단골이에요.)
  - → He does that all the time. (그는 매번 그래.)

A This is my go-to café. (여기가 내가 자주 찾는 카페야.)

go-to (명사) = 자주 애용하는 / 찾는 (명사)

→ These are my go-to jeans. (이건 내가 자주 입는 청바지야.)

→ This is going to be my go-to restaurant. (이건 내가 자주 찾는 식당이 될 거야.)

B I love the interior and all the furniture!

(인테리어랑 모든 가구가 엄청 마음에 드네!)

and = 그리고

→ I love you and you love me. (난 널 사랑하고 넌 날 사랑하지.)

→ I am a mom and a career woman. (난 엄마고 커리어우먼이야.)

A To be honest with you, the barista is my type.

(솔직히 말해서, 바리스타가 내 이상형이야.)

To be honest with you, = 솔직히 말하자면,

→ To be honest with you, I have a boyfriend.
(솔직히 말하자면, 난 남자 친구가 있어.)

→ To be honest with you, I don't like this job.
(솔직히 말하자면, 난 이 직업이 싫어.)

B It's no wonder you come here all the time. (네가 여기 매번 오는 게 당연하네.)

It's no wonder (평서문). = (평서문)인 게 당연하네. / (평서문)일 만하네.

→ It's no wonder Mayu is tired. (마유가 피곤한 게 당연하네.)

→ It's no wonder Mini is always busy. (Mini가 항상 바쁠 만하네.)

DAY 74

친구가 카페에 오는 이유

1 이건 내가 자주 쓰는 모자야. =＿＿＿＿＿＿＿＿＿＿＿

2 난 피곤하고 졸려. =＿＿＿＿＿＿＿＿＿＿＿

3 솔직히 말하자면, 넌 내 이상형이야. =＿＿＿＿＿＿＿＿＿＿＿

4 Peter가 여기 없을 만하네. =＿＿＿＿＿＿＿＿＿＿＿

It's no wonder Peter is not here.

This is my go-to hat. | I am tired and sleepy. | To be honest with you, you are my type. |

신혼여행 간 부부

_여행

STEP 1

A I'm glad we came to Spain for our _____.
(신혼여행을 스페인으로 와서 다행이야.)

B I know! What a _____ place! (내 말이 그 말이야! 엄청 사랑스러운 곳이야!)

B I'm already in love with _____ food. (난 벌써 스페인 음식과 사랑에 빠져 있어.)

A Let's have the time of our _____! (우리 인생 최고의 시간을 보내자!)

STEP 2

- **honeymoon** | 신혼여행

  → We are on our honeymoon. (우리 신혼여행 중이야.)

  → We went to Korea for our honeymoon. (우린 신혼여행으로 한국을 갔어.)

- **lovely** | 사랑스러운

  → This is a lovely song. (이거 사랑스러운 노래다.)

  → That was lovely. (그거 사랑스러웠어요. / 너무 좋았어요.)

- **Spanish** | 스페인의

  → Spanish food is my favorite. (스페인 음식은 내가 가장 좋아하는 거야.)

  → Is this a Spanish song? (이건 스페인 노래니?)

- **lives** | 인생(복수로)

  → Happiness is the most important thing in our lives.
  (행복이 우리 인생에서 가장 중요한 것이다.)

  → It was the best moment of our lives. (그건 우리 인생 최고의 순간이었어.)

A **I'm glad we came to Spain for our honeymoon.**

(신혼여행을 스페인으로 와서 다행이야.)

I'm glad (평서문). = (평서문)이라 다행이야.

→ I'm glad you woke me up. (네가 날 깨워줘서 다행이야.)

→ I'm glad it's over. (그게 다 끝나서 다행이야.)

B **I know! What a lovely place!** (내 말이 그 말이야! 엄청 사랑스러운 곳이야!)

What (형용사) (명사)! = 엄청 (형용사)한 (명사)야!

→ What a cozy place! (엄청 아늑한 곳이다!)

→ What a sweet girl! (엄청 스윗한 여자애구나!)

B **I'm already in love with Spanish food.**

(난 벌써 스페인 음식과 사랑에 빠져 있어.)

be동사 in love with (명사) = (명사)와 사랑에 빠져 있다.

→ I am in love with the cop. (난 그 경찰관과 사랑에 빠져 있어.)

→ Ellie is in love with this song. (Ellie는 이 노래와 사랑에 빠져 있어.)

A **Let's have the time of our lives!** (우리 인생 최고의 시간을 보내자!)

have the time of (사람)'s life = (사람)의 인생 최고의 시간을 보내다

→ I had the time of my life. (난 내 인생 최고의 시간을 보냈어.)

→ You will have the time of your life. (넌 네 인생 최고의 시간을 보낼 거야.)

DAY 75 신혼여행 간 부부

1 그녀가 괜찮아서 다행이야. =_____

2 엄청 따뜻한 날이야! =_____

3 Tony는 Olivia와 사랑에 빠져 있어. =_____

4 그녀는 그녀 인생 최고의 시간을 보냈어. =_____

I'm glad she is okay. | What a warm day! | Tony is in love with Olivia. | She had the time of her life.

DAY 76 말실수한 남편
_가정

STEP 1

A Hmm. This _____ looks familiar to me. (흠. 이 거리 낯이 익는데.)

B You used to _____ around here. (여기 근처에서 살곤 했잖아요.)

A I know! We had our first _____ here! (알겠다! 우리 여기서 첫 키스했잖아요!)

B I've never been _____ before. (난 여기 전에 절대 와본 적 없는데.)

STEP 2

• **street** | 거리

  → The streets were empty. (그 거리들은 텅 비어 있었어.)

  → I walked across the street. (난 그 길을 건넜어.)

• **live** | 살다

  → I don't live around here. (전 이 근처에 안 살아요.)

  → Do you live with your parents? (넌 너희 부모님과 사니?)

• **kiss** | 키스

  → Give me a kiss. (키스해줘.)

  → I gave him a kiss. (난 그에게 키스해줬어.)

• **here** | 여기에, 여기로, 여기에서, 여기

  → Come here. (여기로 와.)

  → Let's have lunch here. (여기에서 점심 먹자.)

A Hmm. This street looks familiar to me. (흠. 이 거리 낯이 익는데.)

look familiar to (사람) = (사람)에게 낯이 익다

→ This number looks familiar to me. (이 번호 나한테 낯이 익는데.)

→ Does it look familiar to you? (그게 너에게 낯이 익니?)

B You used to live around here. (여기 근처에서 살곤 했잖아요.)

used to (동사원형) = (동사원형)하곤 했다

→ I used to study in Germany. (난 독일에서 공부하곤 했어.)

→ He used to be my student. (그는 내 학생이곤 했어.)

A I know! We had our first kiss here! (알겠다! 우리 여기서 첫 키스했잖아요!)

I know! = 알겠다! / 생각났다!

→ I know! Let's get her a phone! (알겠다! 그녀에게 전화기를 사주자!)

→ I know! Her name is Mini! (생각났어! 그녀의 이름은 Mini야!)

B I've never been here before. (난 여기 전에 절대 와본 적 없는데.)

have never been to (장소) = (장소)에 절대 와본 적 / 가본 적 없다

→ I have never been to the Philippines. (난 필리핀에 절대 가본 적 없어.)

→ She has never been to this café. (그녀는 이 카페에 절대 와본 적 없어.)

DAY 76

말씀수한 남편

1 이 이름 내게 낯이 익는데. =_____

2 우린 함께 일하곤 했어. =_____

3 생각났다! 그의 이름은 마유야! =_____

4 우린 멕시코에 절대 가본 적 없어. =_____

We have never been to Mexico. | I know! His name is Mayu! | We used to work together. | This name looks familiar to me.

영화 망치는 친구

_일상

STEP 1

A There's a big twist at the end. The _____ is···.
(끝에 큰 반전이 있어. 그 간호사는…)

B Stop! You're spoiling the _____! (그만해! 영화를 망치고 있잖아!)

B I haven't _____ it yet! (나 그거 아직 안 봤단 말이야!)

A OK. I won't say the nurse is a _____.
(알겠어. 그 간호사는 귀신이라고 말 안 할게.)

STEP 2

• **nurse** | 간호사
→ I want to be a nurse. (난 간호사가 되고 싶어.)
→ The nurse was kind. (그 간호사는 친절했어.)

• **movie** | 영화
→ I love comedy movies. (난 코미디 영화를 좋아해.)
→ They are making a movie. (그들은 영화를 만들고 있어.)

• **watch** | 관람하다, 시청하다, (집중해서) 보다
→ Watch my dance move. (내 댄스 동작을 잘 봐.)
→ We are watching a documentary. (우린 다큐멘터리를 시청 중이야.)

• **ghost** | 귀신
→ I saw a ghost! (난 귀신을 봤어!)
→ They are not ghosts. (그들은 귀신이 아니야.)

A **There's a big twist at the end. The nurse is···.**

(끝에 큰 반전이 있어. 그 간호사는···.)

at the end = 끝에

→ There's a sad scene at the end. (끝에 슬픈 장면이 있어.)

→ They get married at the end. (그들은 끝에 결혼해.)

B **Stop! You're spoiling the movie!** (그만해! 영화를 망치고 있잖아!)

be동사 (~ing) = (~ing)하고 있다

→ My dad is washing his car. (우리 아빠는 자동차를 세차하고 있어.)

→ We are drinking coffee. (우린 커피를 마시고 있어.)

B **I haven't watched it yet!** (나 그거 아직 안 봤단 말이야!)

haven't/hasn't (p.p.) = (p.p.)해본 적 없다

→ I haven't experienced it. (난 그걸 경험해본 적 없어.)

→ She hasn't studied physics. (그녀는 물리학을 공부해본 적 없어.)

A **OK. I won't say the nurse is a ghost.**

(알겠어. 그 간호사는 귀신이라고 말 안 할게.)

won't (동사원형) = (동사원형)안 할게.

→ I won't tell him. (그에게 말 안 할게.)

→ We won't lie to you again. (너에게 다시는 거짓말 안 할게.)

DAY 77

영화 맞추는 친구

1 끝에 아름다운 장면이 있어. =_____

2 내 친구들이 웃고 있어. =_____

3 그들은 마유를 본 적이 없어. =_____

4 난 울지 않을게. =_____

There's a beautiful scene at the end. | My friends are laughing. | They haven't seen Mayu. | I won't cry.

STEP 1

A Come and take a look at our _____! (와서 저희 신발 구경하세요!)

B How much are these _____? (이 운동화들 얼마예요?)

A Each _____ is $30 and it's $50 for two pairs.
(각 켤레는 30달러고 두 켤레에 50달러예요.)

B I might as well buy two pairs, _____.
(그럼 두 켤레 사는 게 차라리 더 낫겠어요.)

STEP 2

- **shoe(s)** | 신발
  - → Are these shoes yours? (이 신발 네 거니?)
  - → I bought red shoes. (난 빨간 신발을 샀어.)

- **sneaker(s)** | 운동화
  - → My sneakers are dirty. (내 운동화는 더러워.)
  - → Where are my sneakers? (내 운동화 어디 있지?)

- **pair** | 한 쌍, 한 켤레
  - → I need two pairs. (전 두 켤레가 필요해요.)
  - → She bought 5 pairs of socks. (그녀는 양말 다섯 켤레를 샀어.)

- **then** | 그러면
  - → Don't eat it, then. (그럼 그거 먹지 마.)
  - → Finish it now, then. (그럼 그걸 지금 끝내.)

A **Come and take a look at our shoes!** (와서 저희 신발 구경하세요!)

take a look at (명사) = (명사)를 살펴보다, 구경하다

→ Take a look at these bags. (이 가방들 좀 구경해보세요.)

→ I took a look at your resume. (전 당신의 이력서를 살펴봤어요.)

B **How much are these sneakers?** (이 운동화들 얼마예요?)

How much are (복수명사)? = (복수명사)들은 얼마예요?

→ How much are these leggings? (이 레깅스는 얼마예요?)

→ How much are these earrings? (이 귀걸이는 얼마예요?)

A **Each pair is $30 and it's $50 for two pairs.**

(각 켤레는 30달러고 두 켤레에 50달러예요.)

It's (가격) for (물건). = (물건)에 (가격)이에요.

→ It's $20 for 5 pairs. (다섯 켤레에 20달러예요.)

→ It's $100 for two. (두 개에 100달러예요.)

B **I might as well buy two pairs, then.**

(그럼 두 켤레 사는 게 차라리 더 낫겠어요.)

might as well (동사원형) = (동사원형)하는 게 차라리 더 낫겠다

→ I might as well stay here. (난 여기 있는 게 차라리 더 낫겠어.)

→ You might as well eat with me. (너 나랑 먹는 게 차라리 더 낫겠다.)

DAY 78

충동 구매의 현장

1 이 바지들 좀 구경해보세요. =_____

2 이 양말은 얼마예요? =_____

3 세 켤레에 5달러예요. =_____

4 너 여기서 일하는 게 차라리 더 낫겠어. =_____

Take a look at these pants. | How much are these socks? | It's $5 for 3 pairs. | You might as well work here.

다이어트 메뉴

_식당

STEP 1

A I'm on a low-carb _____ . (저 저탄수화물 다이어트 중이거든요.)

A I cannot eat bread, noodles, or _____ . (빵이나 면이나 밥을 못 먹어요.)

B It's too bad you can't have our signature _____ .
(저희 고유 파스타를 못 드셔서 아쉽네요.)

B The only option is the _____ steak. (유일한 옵션은 연어 스테이크예요.)

STEP 2

• **diet** | 다이어트, 식습관

→ Join our diet program. (저희 다이어트 프로그램에 가입하세요.)

→ Let's go on a diet. (다이어트를 시작하자.)

• **rice** | 쌀, 밥

→ I can't live without rice. (난 밥 없이는 못 살아.)

→ Would you like fried rice? (볶음밥을 원하시나요?)

• **pasta** | 파스타

→ I want some pasta. (전 파스타를 좀 원해요.)

→ Can you cook pasta? (너 파스타 요리할 수 있어?)

• **salmon** | 연어

→ Everyone likes salmon. (모두가 연어를 좋아해.)

→ Salmon is my favorite fish. (연어는 내가 가장 좋아하는 생선이야.)

A I'm on a low-carb diet. (저 저탄수화물 다이어트 중이거든요.)

be동사 on a diet = 다이어트 중이다

→ I am still on a diet. (나 여전히 다이어트 중이야.)

→ Are you on a diet again? (너 또 다이어트 중이니?)

A I cannot eat bread, noodles, or rice. (빵이나 면이나 밥을 못 먹어요.)

cannot (동사원형) = (동사원형)할 수 없다

→ I cannot leave the office. (사무실을 떠날 수가 없어요.)

→ She cannot come to the meeting. (그녀는 그 회의에 올 수가 없어요.)

B It's too bad you can't have our signature pasta.

(저희 고유 파스타를 못 드셔서 아쉽네요.)

It's too bad (평서문). = (평서문)이라 아쉽다. / 안타깝다.

→ It's too bad you are on a diet. (네가 다이어트 중이라 아쉽다.)

→ It's too bad I have to work. (내가 일해야 해서 아쉬워.)

B The only option is the salmon steak. (유일한 옵션은 연어 스테이크예요.)

The only (명사) is = 유일한 (명사)는

→ The only problem is my score. (유일한 문제는 제 점수예요.)

→ The only reason is this. (유일한 이유는 이거야.)

DAY 79

다이어트 메뉴

STEP 4

1 내 친구들은 다이어트 중이야. =_____

2 우린 맥주를 마실 수 없어. =_____

3 네가 여기 없어서 아쉬워. =_____

4 유일한 문제는 내 여권이야. =_____

The only problem is my passport.

My friends are on a diet. | We cannot drink beer. | It's too bad you are not here. |

CHECK | 손영작 ☐ 입영작 ☐ 반복낭독 ☐ 수업 듣기 ☐

STEP 1

A Could you _____-_____ your reservation number?
(예약 번호를 재확인해주실 수 있을까요?)

A I can't pull up your _____. (손님 정보를 불러올 수가 없네요.)

B I made a _____ on mayutravel.com.
(mayutravel.com에서 예약했는데요.)

B Here's the _____ of purchase. (여기 구매 증거가 있어요.)

STEP 2

• **double-check** | 재확인하다

→ Double-check your information. (손님의 정보를 재확인해주세요.)

→ Did you double-check your answers? (당신의 답들을 재확인했나요?)

• **information** | 정보

→ I have the information. (전 그 정보를 가지고 있어요.)

→ This information is valuable. (이 정보는 가치가 있어.)

• **reservation** | 예약

→ We don't take reservations. (저희는 예약을 안 받아요.)

→ You need a reservation. (예약이 필요하세요.)

• **proof** | 증거

→ Where is the proof? (증거는 어디에 있죠?)

→ Here's the proof. (여기 증거가 있어요.)

A **Could you double-check your reservation number?**
(예약 번호를 재확인해주실 수 있을까요?)
Could you (동사원형)? = (동사원형)해주실 수 있을까요?
→ Could you lift this bag? (이 가방을 들어 올려줄 수 있을까요?)
→ Could you help my grandma? (저희 할머니를 도와주실 수 있을까요?)

A **I can't pull up your information.** (손님 정보를 불러올 수가 없네요.)
pull up (명사) = (명사)를 불러오다
→ Let me pull up your information. (손님 정보를 불러올게요.)
→ I can't pull up the record. (그 기록을 불러올 수가 없네요.)

B **I made a reservation on mayutravel.com.**
(mayutravel.com에서 예약했는데요.)
make a reservation = 예약하다
→ I already made a reservation. (저 이미 예약했어요.)
→ Don't forget to make a reservation. (예약하는 거 잊지 마.)

B **Here's the proof of purchase.** (여기 구매 증거가 있어요.)
Here's (명사). = 여기 (명사)가 있어요.
→ Here's my driver's license. (여기 제 운전면허증이 있어요.)
→ Here's my sister's ID. (여기 저희 언니 신분증이 있어요.)

1 당신의 사진을 저에게 보여주실 수 있을까요? =_____
2 그가 제 정보를 불러오고 있어요. =_____
3 예약하자. =_____
4 여기 제 학생 신분증이 있어요. =_____

Could you show me your picture? | He is pulling up my information. | Let's make a reservation. | Here's my student ID

CHECK | 손영작 ☐ 입영작 ☐ 반복낭독 ☐ 수업 듣기 ☐

STEP 1

A Who is this _____ for? (이 케이크는 누구를 위한 거니?)

B It's for Emily. It's her _____ tomorrow.
(Emily를 위한 거예요. 내일이 걔 생일이거든요.)

A Do you have a thing for _____? (너 걔한테 마음 있니?)

B Yeah. But she is not _____ in me. (네. 하지만 걔가 저에게 관심이 없어요.)

STEP 2

• **cake** | 케이크

→ Is this cake for me? (이 케이크는 날 위한 거니?)

→ I didn't eat your cake. (나 네 케이크 안 먹었어.)

• **birthday** | 생일

→ Today is my birthday. (오늘이 내 생일이야.)

→ When is your birthday? (언제가 네 생일이니?)

• **her** | 그녀(목적어)

→ I hate her. (난 그녀가 싫어.)

→ They picked her up. (그들은 그녀를 픽업했어.)

• **interested** | 관심이 있는

→ We are not interested. (저희는 관심 없어요.)

→ Are you interested? (관심 있나요?)

A **Who is this cake for?** (이 케이크는 누구를 위한 거니?)

Who is (명사) for? = (명사)는 누구를 위한 거니?

→ Who is this shirt for? (이 셔츠는 누구를 위한 거니?)

→ Who is this gift for? (이 선물은 누구를 위한 거니?)

B **It's for Emily. It's her birthday tomorrow.**

(Emily를 위한 거예요. 내일이 걔 생일이거든요.)

It's (시기). = (시기)야.

→ It's Valentine's Day. (밸런타인데이야.)

→ It's Wednesday today. (오늘은 수요일이야.)

A **Do you have a thing for her?** (너 걔한테 마음 있니?)

have a thing for (사람) = (사람)에게 마음이 있다

→ I have a thing for Nancy. (난 Nancy에게 마음이 있어.)

→ I think she has a thing for you. (그녀가 너에게 마음이 있는 거 같아.)

B **Yeah. But she is not interested in me.**

(네. 하지만 걔가 저에게 관심이 없어요.)

be동사 interested in (명사) = (명사)에 관심이 있다

→ I am interested in many things. (난 많은 것에 관심이 있어.)

→ Are you interested in our service? (저희 서비스에 관심이 있나요?)

1 이 반지는 누구를 위한 거니? =_____

2 내일은 크리스마스야. =_____

3 Teddy는 우리 언니에게 마음이 있어. =_____

4 난 Grace에게 관심이 없어. =_____

Who is this ring for? | It's Christmas tomorrow. | Teddy has a thing for my sister. | I am not interested in Grace.

DAY 81

케이크를 준비한 아들

나도 눈치가 있지

CHECK | 손영작 ☐ 입영작 ☐ 반복낭독 ☐ 수업 듣기 ☐

STEP 1

A Do you have plans for the _____? (너 주말 약속 있어?)

B I might watch a movie with my _____. (여자 친구랑 영화 볼지도 몰라.)

B Do you want to _____ us? (우리랑 함께할래?)

A Come on. I don't want to be the _____ wheel.
   (왜 이래. 꼽사리가 되고 싶진 않아.)

STEP 2

• **weekend** | 주말

→ I work on weekends. (난 주말마다 일해.)

→ Weekends go by fast. (주말은 빠르게 지나가.)

• **girlfriend** | 여자 친구

→ I don't have a girlfriend. (난 여자 친구가 없어.)

→ My girlfriend is cute. (내 여자 친구는 귀여워.)

• **join** | ~와 함께하다, 합류하다

→ Join us! (우리랑 함께해!)

→ I joined them for lunch. (난 점심을 위해 그들과 합류했어. / 그들과 점심 먹었어.)

• **third** | 세 번째의

→ This is my third time. (이게 제 세 번째예요.)

→ This is the third day. (이게 3일째야.)

A Do you have plans for the weekend? (너 주말 약속 있어?)

have plans = 약속이 있다

→ I have plans for tonight. (나 오늘 밤에 약속 있어.)

→ Do you have any plans? (너 약속이 뭐라도 있니?)

B I might watch a movie with my girlfriend. (여자 친구랑 영화 볼지도 몰라.)

might (동사원형) = 어쩌면 (동사원형)할지도 모른다

→ She might say yes. (그녀는 어쩌면 허락할지도 몰라.)

→ You might like this song. (너 어쩌면 이 노래 마음에 들지도 몰라.)

B Do you want to join us? (우리랑 함께할래?)

want to (동사원형) = (동사원형)하고 싶다

→ I want to be a dancer. (난 댄서가 되고 싶어.)

→ I wanted to cook for you. (난 널 위해 요리하고 싶었어.)

A Come on. I don't want to be the third wheel.

(왜 이래. 꼽사리가 되고 싶진 않아.)

don't want to (동사원형) = (동사원형)하고 싶지 않다

→ I don't want to be there. (난 거기에 있고(가고) 싶지 않아.)

→ She doesn't want to sit here. (그녀는 여기에 앉고 싶지 않아.)

DAY 82

나도 눈치가 있지

1 난 내일 약속 있어. =_____

2 우린 어쩌면 거기에 갈지도 몰라. =_____

3 난 컴퓨터 프로그래밍을 배우고 싶어. =_____

4 우린 포기하고 싶지 않아. =_____

We don't want to give up.

| I have plans for tomorrow. | We might go there. | I want to learn computer programming. |

STEP 1

A How much do I _____ you? (얼마 드려야 하죠?)

B The _____ comes out to $25.75. (총 25달러 75센트 나왔습니다.)

A I'm sorry. I only have a $100 _____. (죄송해요. 100달러짜리 지폐밖에 없네요.)

B That's no problem. Here's your _____. (문제없죠. 여기 거스름돈입니다.)

STEP 2

• **owe** | 빚지다

→ I owe nothing. (난 아무것도 빚지지 않았어.)

→ She owes me a lot of money. (그녀는 내게 많은 돈을 빚졌어.)

• **total** | 총, 총계

→ What's the total? (총계가 뭐예요? / 총 얼마예요?)

→ How much is the total? (총계가 얼마예요? / 총 얼마예요?)

• **bill** | 지폐, 청구서

→ I have a $50 bill. (전 50달러짜리 지폐가 있어요.)

→ Do you have a $1 bill? (너 1달러짜리 지폐 있니?)

• **change** | 거스름돈, 잔돈

→ I don't have any change. (전 잔돈이 전혀 없어요.)

→ Do you have change for $100? (100달러를 바꿔줄 거스름돈 있나요?)

A How much do I owe you? (얼마 드려야 하죠?)

owe (사람) (명사) = (사람)에게 (명사)를 빚지다

→ You owe me $20. (넌 내게 20달러를 빚졌어.)

→ She owes me nothing. (그녀는 나에게 아무것도 빚지지 않았어.)

B The total comes out to $25.75. (총 25달러 75센트 나왔습니다.)

The total comes out to (가격). = 총 (가격)으로 나왔습니다.

→ The total comes out to $10.99. (총 10달러 99센트 나왔습니다.)

→ The total comes out to $5.50. (총 5달러 50센트 나왔습니다.)

A I'm sorry. I only have a $100 bill. (죄송해요. 100달러짜리 지폐밖에 없어요.)

I only have (명사). = 저 (명사)밖에 없어요.

→ I only have this pencil. (나 이 연필밖에 없어.)

→ I only have $2. (저 2달러밖에 없어요.)

B That's no problem. Here's your change. (문제없죠. 여기 거스름돈입니다.)

That's no problem. = 그건 문제가 아닙니다. / 문제없죠.

→ That's no problem. I'll wake you up. (문제없죠. 깨워드릴게요.)

→ That's no problem. I can help you. (문제없죠. 도와드릴 수 있어요.)

1 난 Andrew에게 50달러를 빚졌어. = _____

2 총 100달러 나왔습니다. = _____

3 저 이 드라이어 밖에 없어요. = _____

4 문제없죠. = _____

I owe Andrew $50. | The total comes out to $100. | I only have this dryer. | That's no problem.

STEP 1

A I'll go for the _____ sandwich. (참치 샌드위치로 할게요.)

B We are terribly _____. We are all out of tuna today.
(정말 죄송해요. 오늘은 참치가 다 나갔어요.)

A Do you have _____ with fish? (생선이 들어간 뭐라도 있나요?)

B The grilled _____ is also our specialty. (구운 고등어도 저희 전문이에요.)

STEP 2

- **tuna** | 참치
  - → This tuna is fresh! (이 참치 신선하다!)
  - → I prefer tuna to salmon. (전 연어보다 참치를 선호해요.)

- **sorry** | 미안한
  - → I am sorry again. (다시 한 번 죄송합니다.)
  - → Are you really sorry? (너 정말 미안한 거니?)

- **anything** | 그 어떤 것(이라도), 아무것도
  - → Would you like anything? (어떤 것이라도 원하시나요?)
  - → I don't know anything. (전 아무것도 몰라요.)

- **mackerel** | 고등어
  - → Mackerel is good for you. (고등어는 너에게 좋아. / 몸에 좋아.)
  - → I am allergic to mackerel. (난 고등어에 알레르기가 있어.)

A **I'll go for the tuna sandwich.** (참치 샌드위치로 할게요.)

go for (명사) = (명사)를 선택하다 / 명사로 하다

→ Let me go for this one. (전 이걸로 할게요.)

→ I want to go for the steak. (전 그 스테이크를 선택하고 싶어요.)

B **We are terribly sorry. We are all out of tuna today.**
(정말 죄송해요. 오늘은 참치가 다 나갔어요.)

We are all out of (명사). = (명사)가 다 나갔어요.

→ We are all out of salmon. (연어가 다 나갔어요.)

→ We are all out of lemon juice. (레몬주스가 다 나갔어요.)

A **Do you have anything with fish?** (생선이 들어간 뭐라도 있나요?)

with (명사) = (명사)를 가진 / (명사)가 들어간

→ Do you have anything with meat? (고기가 들어간 뭐라도 있나요?)

→ We have sandwiches with tuna. (저희는 참치가 들어간 샌드위치가 있어요.)

B **The grilled mackerel is also our specialty.** (구운 고등어도 저희 전문이에요.)

also = 또한, ~도

→ I am also a college student. (전 대학생이기도 해요.)

→ They also take this class. (그들은 이 수업도 들어요.)

DAY 84

참치와 고등어

STEP 4

1 이걸로 하자! =_____

2 고등어가 다 나갔어요. =_____

3 저희는 돼지고기가 들어간 샌드위치가 있어요. =_____

4 그녀는 소고기도 좋아해. =_____

She also likes beef. | We have sandwiches with pork. | We are all out of mackerel. | Let's go for this one!

신혼여행 중 다투기 _여행

STEP 1

A Why don't you _____ to me? We are lost!
(왜 내 말을 안 듣는 거야? 우리 길 잃었다고!)

B Hey, can we not _____? (저기, 우리 안 싸우면 안 돼?)

B We are on our _____. (우리 신혼여행 중이잖아.)

A I'm sorry. I think I was _____ _____. (미안해. 흥분했었나 봐.)

STEP 2

• **listen** | (적극적으로/의도적으로) 듣다

→ Are you listening? (너 듣고 있는 거야?)

→ Listen. (들어봐.)

• **fight** | 싸우다

→ Don't fight, guys. (싸우지 마, 애들아.)

→ Jimmy and Eddie are fighting. (Jimmy하고 Eddie가 싸우고 있어.)

• **honeymoon** | 신혼여행

→ We went to Hawaii for our honeymoon.
(저희는 신혼여행으로 하와이에 갔어요.)

→ I can't wait for our honeymoon. (난 우리 신혼여행을 못 기다리겠어.)

• **worked up** | 흥분한

→ He was really worked up. (그는 정말 흥분했어.)

→ Don't be worked up. (흥분하지 마.)

A Why don't you listen to me? We are lost!
(왜 내 말을 안 듣는 거야? 우리 길 잃었다고!)
listen to (명사) = (명사)를 듣다 / (명사)의 말을 듣다
→ Listen to me. (내 말을 좀 들어봐.)
→ I was listening to music. (난 음악을 듣고 있었어.)

B Hey, can we not fight? (저기, 우리 안 싸우면 안 돼?)
Can we not (동사원형)? = 우리 (동사원형) 안 하면 안 돼?
→ Can we not go there? (우리 거기 안 가면 안 될까?)
→ Can we not see him? (우리 그를 안 보면 안 될까?)

B We are on our honeymoon. (우리 신혼여행 중이잖아.)
be동사 on (사람)'s honeymoon = 신혼여행 중이다
→ Are you on your honeymoon? (신혼여행 중인가요?)
→ They are on their honeymoon. (그들은 신혼여행 중이야.)

A I'm sorry. I think I was worked up. (미안해. 흥분했었나 봐.)
I think (평서문). = 난 (평서문)이라고 생각해. / (평서문)인 것 같아.
→ I think I was crazy. (내가 미쳤던 것 같아.)
→ I think you are pretty. (난 네가 예쁘다고 생각해.)

1 너희 부모님의 말씀을 들어. =_____
2 우리 오늘 공부 안 하면 안 돼? =_____
3 Larry와 Sally는 신혼여행 중이야. =_____
4 난 네가 이기적이라고 생각해. =_____

Listen to your parents. | Can we not study today? | Larry and Sally are on their honeymoon. | I think you are selfish.

퇴근이 늦는 남편

CHECK | 손영작 ☐ 입영작 ☐ 반복낭독 ☐ 수업 듣기 ☐

STEP 1

A Where are you? It's _____ 10pm. (어디예요? 벌써 10시인데.)

B I got off work _____, but I'm stuck in traffic.
(일찍 퇴근했는데 교통체증에 묶여 있어요.)

A OK. _____ safely and do not doze off. (알겠어요. 안전 운전하고 졸지 마요.)

B Don't worry. I will be _____. (걱정 마요. 조심할게요.)

STEP 2

• **already** | 벌써, 이미

→ You are already late. (너 이미 늦었어.)

→ The movie is already over. (그 영화는 이미 끝났어.)

• **early** | 일찍

→ I woke up early this morning. (나 오늘 아침에 일찍 일어났어.)

→ Let's leave early. (일찍 떠나자.)

• **drive** | 운전하다

→ I drove my dad's car. (난 우리 아빠의 차를 운전했어.)

→ Don't drive too fast. (너무 빠르게 운전하지 마.)

• **careful** | 조심하는

→ I was careful. (난 조심했어.)

→ She is being careful. (그녀는 조심하고 있어.)

A Where are you? It's already 10pm. (어디예요? 벌써 10시인데.)

Where am/are/is (주어)? = (주어)는 어디에 있니?

→ Where am I? (내가 어디에 있는 거지? / 여기가 어디지?)

→ Where are they? (그들은 어디에 있니?)

B I got off work early, but I'm stuck in traffic.

(일찍 퇴근했는데 교통체증에 묶여 있어요.)

get off work = 퇴근하다

→ Can you get off work early? (일찍 퇴근할 수 있어요?)

→ She got off work at 6. (그녀는 6시에 퇴근했어.)

A OK. Drive safely and do not doze off. (알겠어요. 안전 운전하고 졸지 마요.)

doze off = 졸다

→ Never doze off in my class. (내 수업에서 절대 졸지 마.)

→ I dozed off during the seminar. (난 그 세미나 도중에 졸았어.)

B Don't worry. I will be careful. (걱정 마요. 조심할게요.)

Don't (동사원형). = (동사원형)하지 마.

→ Don't yell at me. (나에게 소리 지르지 마.)

→ Don't be disappointed. (실망하지 마.)

1 우린 어디에 있는 거지? =_____

2 난 7시에 퇴근할 수 있어. =_____

3 너 방금 졸았니? =_____

4 웃지 마! =_____

Where are we? | I can get off work at 7. | Did you just doze off? | Don't laugh!

STEP 1

A Wow! You _____ good English! (와! 영어 잘하시네요!)

B Thank you. I've been _____ for 3 years. (고마워요. 3년간 배워오고 있어요.)

A How are you learning _____? (어떻게 영어를 배우고 있는데요?)

B I watch a TV _____ called WCB English.
  (왕초보영어라고 하는 TV프로그램을 시청해요.)

STEP 2

• **speak** | 말하다, 구사하다

  → I speak two languages. (난 2개 국어를 해.)

  → I spoke to her. (난 그녀와 얘기했어.)

• **learn** | 배우다

  → I learned how to snowboard. (난 스노보드 타는 법을 배웠어.)

  → We are learning a new language. (우린 새로운 언어를 배우고 있어.)

• **English** | 영어

  → English is not that hard. (영어는 그렇게 어렵지는 않아.)

  → I don't speak English. (전 영어를 못해요.)

• **program** | 프로그램

  → This is our new yoga program. (이건 저희 새 요가 프로그램이에요.)

  → Join our diet program. (저희 다이어트 프로그램에 등록하세요.)

A **Wow! You speak good English!** (와! 영어 잘하시네요!)

speak good English = 영어를 잘 한다

→ My parents speak good English. (우리 부모님은 영어를 잘 하셔.)

→ Does your wife speak good English? (당신의 아내는 영어를 잘 하시나요?)

B **Thank you. I've been learning for 3 years.** (고마워요. 3년간 배워오고 있어요.)

have been (~ing) = (~ing)해오고 있다

→ I have been waiting for 2 hours. (난 2시간 동안 기다려오고 있어.)

→ She has been living here for 10 years. (그녀는 여기에 10년 동안 살아오고 있어.)

A **How are you learning English?** (어떻게 영어를 배우고 있는데요?)

How are you (~ing)? = 어떻게 (~ing)하고 있나요?

→ How are you managing your schedule? (어떻게 스케줄을 관리하고 있나요?)

→ How are you running your business? (어떻게 사업을 운영하고 있나요?)

B **I watch a TV program called WCB English.**

(왕초보영어라고 하는 TV프로그램을 시청해요.)

called (명사) = (명사)라고 불리는 / (명사)라고 하는

→ It's a radio program called Easy Writing.

(그건 이지라이팅이라고 하는 라디오 프로그램이에요.)

→ The album is called 'Love'. (그 앨범은 '사랑'이라 불려요.)

DAY 87

영어실력 칭찬 받기

1 내 친구들은 영어를 잘 해. =_____

2 우린 30분 동안 공부해오고 있어. =_____

3 어떻게 당신의 일을 관리하고 있나요? =_____

4 그 쇼는 'The Mayu Show'라고 불려요. =_____

My friends speak good English. | We have been studying for 30 minutes. | How are you managing your work? | The show is called 'The Mayu Show'.

중고 시계 거래

_쇼핑

STEP 1

A It has light _____ , but it's in mint condition.
(가벼운 스크래치는 있지만 새것 같은 상태예요.)

B Can I _____ it in person? (직접 만나서 볼 수 있을까요?)

A _____ . I can show it to you in Gangnam. (그럼요. 강남에서 보여드릴 수 있어요.)

B _____ . I am available on Wednesdays. (완벽해요. 전 수요일마다 시간이 돼요.)

STEP 2

- **scratch** | 스크래치, 긁힌 자국
  - → I see scratches here! (여기 스크래치가 보여요!)
  - → It doesn't have any scratches. (그건 아무 스크래치도 없어요.)

- **see** | 보다, 보이다
  - → I saw tigers. (난 호랑이들을 봤어.)
  - → Do you see me? (너 나 보이니?)

- **sure** | 확신하는, 그럼요
  - → Sure. I can help you. (그럼요. 도와드릴 수 있죠.)
  - → I'm sure he is okay. (그는 분명 괜찮을 거야.)

- **perfect** | 완벽한
  - → This bed is perfect! (이 침대는 완벽합니다!)
  - → William is a perfect man. (William은 완벽한 남자야.)

A It has light scratches, but it's in mint condition.

(가벼운 스크래치는 있지만 새것 같은 상태예요.)

in mint condition = 새것 같은 상태인

→ This textbook is in mint condition. (이 교재는 새것 같은 상태예요.)

→ Is it in mint condition? (그거 새것 같은 상태인가요?)

B Can I see it in person? (직접 만나서 볼 수 있을까요?)

in person = 직접 만나서

→ I saw Mayu in person. (나 마유 직접 만나서 봤어.)

→ Have you seen Mini in person? (너 Mini 직접 만나서 본 적 있니?)

A Sure. I can show it to you in Gangnam.

(그럼요. 강남에서 보여드릴 수 있어요.)

in (나라/주/도시) = (나라/주/도시)에서

→ Let's meet up in Ilsan. (일산에서 만나자.)

→ I used to live in London. (난 런던에서 살곤 했어.)

B Perfect. I am available on Wednesdays.

(완벽해요. 전 수요일마다 시간이 돼요.)

on (요일)s = 매 (요일)마다

→ We study English on Fridays. (우린 금요일마다 영어를 공부해.)

→ She goes to school on Mondays. (그녀는 월요일마다 학교에 가.)

DAY 88

중고 시계 거래

---

1 이 배터리는 새것 같은 상태예요. =_____

2 난 그에게 직접 만나서 물어봤어. =_____

3 난 널 플로리다에서 봤어. =_____

4 우린 화요일마다 일을 해. =_____

We work on Tuesdays.
This battery is in mint condition. | I asked him in person. | I saw you in Florida. |

전화로 예약 취소하기

식당

STEP 1

A I'm calling you to _____ my reservation.
(예약 취소하려고 전화드리는 건데요.)

B OK. May I have your _____? (알겠습니다. 성함을 불러주실 수 있을까요?)

A It's Mini Kim. I _____ a 7:30 reservation.
(Mini Kim이에요. 7시 반 예약을 했어요.)

B Thank you for _____ us in advance. (미리 전화주셔서 감사합니다.)

STEP 2

- **cancel** | 취소하다
  - → They cancelled the flight. (그들은 그 항공편을 취소했어.)
  - → I cancelled my order. (난 내 주문을 취소했어.)

- **name** | 이름
  - → What's your full name? (손님의 전체 성함이 어떻게 되나요?)
  - → I have an English name. (난 영어 이름이 있어.)

- **make** | 만들다
  - → I made some dessert. (난 디저트를 좀 만들었어.)
  - → We want to make friends. (우린 친구들을 만들고 싶어. / 사귀고 싶어.)

- **call** | ~에게 전화하다
  - → Stop calling me. (나에게 그만 전화해.)
  - → She called the police. (그녀는 경찰에 전화했어.)

A **I'm calling you to cancel my reservation.** (예약 취소하려고 전화드리는 건데요.)

to (동사원형) = (동사원형)하기 위해 / 하려고

→ I'm calling you to book a room. (방을 예약하려고 전화드리는 건데요.)

→ I watched WCB English to learn English.
(난 영어를 배우기 위해 왕초보영어를 시청했어.)

B **OK. May I have your name?** (알겠습니다. 성함을 불러주실 수 있을까요?)

May I (동사원형)? = 제가 (동사원형)해도 될까요?

→ May I have your last name? (손님의 성을 받아도 될까요?)

→ May I introduce myself? (제 자신을 좀 소개해도 될까요?)

A **It's Mini Kim. I made a 7:30 reservation.**
(Mini Kim이에요. 7시 반 예약을 했어요.)

make a (시간) reservation = (시간) 예약을 하다

→ I made a 10:30 reservation. (저 10시 반 예약을 했는데요.)

→ We made a 5 o'clock reservation. (저희 5시 예약을 했는데요.)

B **Thank you for calling us in advance.** (미리 전화주셔서 감사합니다.)

in advance = 미리

→ I called the office in advance. (난 그 사무실에 미리 전화했어.)

→ Please contact us in advance. (저희에게 미리 연락해주세요.)

DAY 89

전화로 예약 취소하기

1 난 살을 빼기 위해 달리고 있어. =_____

2 제가 여기에 앉아도 될까요? =_____

3 저 6시 반 예약을 했는데요. =_____

4 그녀에게 미리 전화해주세요. =_____

Please call her in advance.

I am running to lose weight. | May I sit here? | I made a 6:30 reservation. |

STEP 1

A I'm thinking of renting a _____. (승합차를 대여할까 생각 중인데요.)

B We have vans for 8 _____ and 12 _____.
(저희는 8인승과 12인승 승합차가 있습니다.)

A How much is it to _____ the smaller one? (작은 거 대여하는 데 얼마인가요?)

B It's $80 per _____. (하루에 80달러입니다.)

STEP 2

• **van** | 승합차

→ We need a bigger van. (우린 더 큰 승합차가 필요해.)

→ She bought a small van. (그녀는 작은 승합차를 샀어.)

• **passenger** | 승객

→ There are 20 passengers. (20명의 승객이 있습니다.)

→ We had many passengers. (저희는 승객들이 많았어요.)

• **rent** | 대여하다

→ We rented a cozy place. (우린 아늑한 장소를 대여했어.)

→ Let's rent a sports car. (스포츠카를 대여하자.)

• **day** | 날, 요일, 낮

→ It's a lovely day. (사랑스러운 날이야.)

→ What day is it? (무슨 요일이지?)

A I'm thinking of renting a van. (승합차를 대여할까 생각 중인데요.)

    think of (~ing) = (~ing)할까 생각해보다

→ She is thinking of going to college. (그녀는 대학을 갈까 생각 중이야.)

→ We are thinking of moving. (우린 이사할까 생각 중이야.)

B We have vans for 8 passengers and 12 passengers.

    (저희는 8인승과 12인승 승합차가 있습니다.)

    for (명사) = (명사)를 위한

→ These shorts are for women. (이 반바지들은 여자들을 위한 거예요. / 여성용인)

→ This truck is for 4 passengers. (이 트럭은 승객 4명을 위한 거예요. / 4인승인)

A How much is it to rent the smaller one? (작은 거 대여하는 데 얼마인가요?)

    How much is it to (동사원형)? = (동사원형)하는 데 얼마예요?

→ How much is it to stay here? (여기 머무는 데 얼마인가요?)

→ How much is it to rent a helmet? (헬멧을 대여하는 데 얼마인가요?)

B It's $80 per day. (하루에 80달러입니다.)

    per (명사) = (명사)하나당, 하나에

→ It's $10 per night. (하룻밤에 10달러입니다.)

→ We paid $20 per person. (우린 1인당 20달러를 지불했어.)

DAY 90

승합차 대여하기

STEP 4

1 난 치마를 살까 생각 중이야. =_____

2 이 장갑은 남자들을 위한 거예요. (남자용) =_____

3 이 자동차 대여하는 데 얼마인가요? =_____

4 한 가족당 50달러입니다. =_____

갑작스런 새 식구 I

CHECK | 손영작 ☐ 입영작 ☐ 반복낭독 ☐ 수업 듣기 ☐

STEP 1

A Honey? Whose _____ is this? (애야? 이 강아지는 누구 거니?)

B Mom⋯. I'll be _____ with you. (엄마⋯. 엄마한테 솔직히 말씀드릴게요.)

B I took her from an _____ shelter. (동물 보호센터에서 데려왔어요.)

A What? Why didn't you _____ me? (뭐? 왜 엄마한테 말 안 했니?)

STEP 2

• **puppy** | 강아지

→ I have a little puppy. (난 어린 강아지가 있어.)

→ Is this your puppy? (애는 너희 강아지니?)

• **honest** | 솔직한

→ She wasn't honest. (그녀는 솔직하지 않았어.)

→ Yuna is an honest girl. (유나는 솔직한 여자야.)

• **animal** | 동물

→ My teacher loves animals. (우리 선생님은 동물을 사랑해.)

→ They rescued the animal. (그들은 그 동물을 구조했어.)

• **tell** | ~에게 말해주다

→ Don't tell anyone. (아무에게도 말해주지 마.)

→ I told you! (내가 너에게 말해줬잖아!)

STEP 3

A Honey? Whose puppy is this? (애야? 이 강아지는 누구 거니?)

Whose (명사) is this? = 이건 누구의 (명사)니?

→ Whose wallet is this? (이건 누구의 지갑이니?)

→ Whose email address is this? (이건 누구의 이메일 주소인가요?)

B Mom⋯. I'll be honest with you. (엄마⋯. 엄마한테 솔직히 말씀드릴게요.)

be honest with (사람) = (사람)에게 솔직해지다 / 솔직하게 말하다

→ Be honest with me. (내게 솔직해져.)

→ Are you being honest with me? (너 나한테 솔직하게 말하고 있는 거야?)

B I took her from an animal shelter. (동물 보호센터에서 데려왔어요.)

from (명사) = (명사)로부터 / (명사)에서

→ I picked up Ken from the hotel. (난 그 호텔에서 Ken을 픽업했어.)

→ I got it from my dad. (난 그걸 우리 아빠한테서 얻었어.)

A What? Why didn't you tell me? (뭐? 왜 엄마한테 말 안 했니?)

Why didn't you (동사원형)? = 너 왜 (동사원형) 안 했니?

→ Why didn't you go to school? (너 왜 학교에 안 갔니?)

→ Why didn't you email her? (너 왜 그녀에게 이메일 안 했니?)

DAY 91
감정스런 새 식구 I

STEP 4

1 이건 누구의 안경이니? =＿＿＿＿＿＿＿＿＿＿＿＿

2 우리에게 솔직해져. =＿＿＿＿＿＿＿＿＿＿＿＿

3 난 그녀를 그 공항에서 픽업했어. =＿＿＿＿＿＿＿＿＿＿＿＿

4 너 왜 이걸 안 먹었니? =＿＿＿＿＿＿＿＿＿＿＿＿

Whose glasses are these? | Be honest with us. | I picked her up from the airport. | Why didn't you eat this?

갑작스런 새 식구 Ⅱ

가정

STEP 1

A So··· I talked to _____ about the puppy.
(음··· 아빠랑 그 강아지에 대해 얘기했단다.)

B Please don't kick her out, _____. (쫓아내지 말아주세요, 엄마.)

B I'll take good care of her. I _____! (잘 돌볼게요. 약속해요!)

A I guess you have a new _____ from now.
(이제부터 새 여동생이 생긴 것 같구나.)

STEP 2

• **dad** | 아빠
  → This is for you, Dad. (이건 아빠를 위한 거예요.)
  → My dad is a designer. (우리 아빠는 디자이너야.)

• **mom** | 엄마
  → Ask Mom. (엄마에게 물어봐.)
  → Her mom is always busy. (그녀의 엄마는 항상 바빠.)

• **promise** | 약속하다
  → Do you promise? (너 약속해?)
  → I can't promise you anything. (난 너에게 아무것도 약속 못 해.)

• **sister** | 여자 형제
  → I have two sisters. (전 여자 형제가 두 명 있어요.)
  → She has a younger sister. (그녀는 여동생이 있어.)

A So··· I talked to Dad about the puppy.

(음··· 아빠랑 그 강아지에 대해 얘기했단다.)

talk to (사람) = (사람)과 얘기하다

→ I talked to your friend. (난 네 친구와 얘기했어.)

→ She wants to talk to you. (그녀는 너와 얘기하고 싶어 해.)

B Please don't kick her out, Mom. (쫓아내지 말아주세요, 엄마.)

kick (사람) out = (사람)을 쫓아내다

→ Don't kick me out. (날 쫓아내지 마.)

→ Why did you kick him out? (넌 왜 그를 쫓아냈니?)

B I'll take good care of her. I promise! (잘 돌볼게요. 약속해요!)

take good care of (명사) = (명사)를 잘 돌보다

→ I took good care of this car. (전 이 차를 잘 돌봤어요. / 아꼈어요.)

→ Take good care of your health. (네 건강을 잘 돌보렴. / 챙기렴.)

A I guess you have a new sister from now.

(이제부터 새 여동생이 생긴 것 같구나.)

I guess (평서문). = (평서문)인 것 같네. / (평서문)인가 보네.

→ I guess she got an A. (그녀가 A를 받았나 보네.)

→ I guess they are not here. (그들이 여기에 없나 보네.)

DAY 92

김재우의 새 삭구 II

STEP 4

1 저희와 얘기하세요. =_____

2 네가 그녀를 쫓아냈니? =_____

3 그녀는 절 잘 돌봐줬어요. =_____

4 넌 또 바쁜가 보네. =_____

Talk to us. | Did you kick her out? | She took good care of me. | I guess you are busy again.

올해의 색은 파랑

쇼핑

CHECK | 손영작 □ 입영작 □ 반복낭독 □ 수업 듣기 □

STEP 1

A Aren't these bikinis _____? They just came in.
(이 비키니들 귀엽지 않아요? 방금 들어왔어요.)

B Gosh! They are _____ my style. (맙소사! 완전 제 스타일이네요.)

A This year's _____ is blue. (올해의 색은 파랑이에요.)

B I want one, but I should cover my _____.
(하나 사고 싶은데 배를 좀 가려야겠어요.)

STEP 2

• **cute** | 귀여운
→ Your puppy is so cute. (너희 강아지 엄청 귀여워.)
→ This is a cute song. (이거 귀여운 노래야.)

• **totally** | 완전히
→ I am totally exhausted. (나 완전 지쳤어.)
→ We totally agree. (저희는 완전히 동의해요.)

• **color** | 색
→ What color is this? (이건 무슨 색이에요?)
→ She prefers light colors. (그녀는 밝은색을 선호해.)

• **belly** | 배, 복부
→ She has a flat belly. (그녀는 배가 평편해.)
→ I had to cover my belly. (난 내 배를 가려야 했어.)

A Aren't these bikinis cute? They just came in.

(이 비키니들 귀엽지 않아요? 방금 들어왔어요.)

Aren't/Isn't (주어) (형용사)? = (주어)는 (형용사)하지 않아요?

→ Isn't this expensive? (이거 비싸지 않아요?)

→ Aren't these sunglasses cool? (이 선글라스 쿨하지 않니?)

B Gosh! They are totally my style. (맙소사! 완전 제 스타일이네요.)

Gosh! = 맙소사!

→ Gosh! I forgot everything! (맙소사! 다 잊어버렸어!)

→ Gosh! I hate that guy! (맙소사! 저 남자 너무 싫어!)

A This year's color is blue. (올해의 색은 파랑이에요.)

(명사)'s = (명사)의

→ Jane's father is a doctor. (Jane의 아버지는 의사야.)

→ This month's theme is unity. (이번 달의 테마는 화합이야.)

B I want one, but I should cover my belly.

(하나 사고 싶은데 배를 좀 가려야겠어요.)

should (동사원형) = (동사원형)하는 게 좋겠다 / 해야겠다

→ I should work harder. (나 더 열심히 일해야겠어.)

→ You should stop smoking. (너 금연하는 게 좋겠어.)

1 이 영화 슬프지 않니? = _____

2 맙소사! = _____

3 이건 Frank의 충전기니? = _____

4 우리 더 열심히 연습하는 게 좋겠어. = _____

Isn't this movie sad? | Gosh! | Is this Frank's charger? | We should practice harder.

197

빙수야

_식당

STEP 1

A What would you like for _____? (디저트로 뭘 원하시나요?)

B I want some shaved _____ and a piece of cheesecake.
(빙수랑 치즈케이크 한 조각 주세요.)

A What _____ would you like? (무슨 맛을 원하시나요?)

B I definitely want the _____ flavor. (당연히 우유 맛을 원하죠.)

STEP 2

• **dessert** | 디저트
  → What's for dessert? (디저트는 뭐야?)
  → I want something sweet for dessert. (난 디저트로 달콤한 걸 원해.)

• **ice** | 얼음
  → Can I have more ice?
    (더 많은 얼음을 받을 수 있을까요? / 얼음 더 주실 수 있나요?)
  → I don't want any ice. (전 얼음을 전혀 원하지 않아요.)

• **flavor** | 맛, 기호
  → We have two different flavors. (저희는 두 개의 다른 맛이 있어요.)
  → Let me go for the strawberry flavor. (전 딸기 맛으로 할게요.)

• **milk** | 우유
  → I think I had too much milk. (너무 많은 우유를 마신 거 같아.)
  → I want some hot milk. (난 뜨거운 우유를 원해.)

A **What would you like for dessert?** (디저트로 뭘 원하시나요?)

What would you like for (명사)? = (명사)로 뭘 원하시나요?

→ What would you like for lunch? (점심으로 뭘 원하시나요?)

→ What would you like for dinner? (저녁으로 뭘 원하시나요?)

B **I want some shaved ice and a piece of cheesecake.**

(빙수랑 치즈케이크 한 조각 주세요.)

a piece of (명사) = 한 조각의 (명사)

→ I want a piece of candy. (전 캔디 한 조각을 원해요.)

→ I need a piece of paper. (난 종이 한 조각이 필요해. / 한 장이 필요해.)

A **What flavor would you like?** (무슨 맛을 원하시나요?)

What (명사) would you like? = 무슨 (명사)를 원하시나요?

→ What color would you like? (무슨 색을 원하시나요?)

→ What size would you like? (무슨 사이즈를 원하시나요?)

B **I definitely want the milk flavor.** (당연히 우유 맛을 원하죠.)

definitely (동사) = 확실히/당연히 (동사)하다

→ She definitely knows the answer. (그녀는 확실히 답을 알아.)

→ We definitely want the room. (저희는 확실히 그 방을 원해요.)

1 브런치로 뭘 원하시나요? =_____

2 난 빵 한 조각을 먹었어. =_____

3 무슨 모양을 원하시나요? =_____

4 전 확실히 이 티켓을 원해요. =_____

I definitely want this ticket.

What would you like for brunch? | I ate a piece of bread. | What shape would you like?

가방 추가로 체크인하기

_여행

STEP 1

A You can check up to two _____.
(여행가방 두 개까지 체크인할 수 있습니다.)

B Can you give me a break? I have _____.
(봐주시면 안 돼요? 세 개를 가지고 있거든요.)

B I have lots of _____. (옷이 많아요.)

A You have to pay $50 for the _____ one. (세 번째 것은 50달러를 내셔야 해요.)

STEP 2

• **suitcase** | 여행가방
   → I need a bigger suitcase. (난 더 큰 여행가방이 필요해.)
   → Your suitcase is too heavy. (손님의 여행가방은 너무 무겁습니다.)

• **three** | 세 개
   → It's $50 for three. (세 개에 50달러입니다.)
   → You might as well buy three. (차라리 세 개 사시는 게 더 낫겠어요.)

• **clothes** | 옷
   → I don't have any clothes. (난 옷이 없어.)
   → Clothes are expensive these days. (요즘엔 옷이 비싸.)

• **third** | 세 번째의
   → This is their third trip. (이게 그들의 세 번째 여행이야.)
   → I am on the third floor. (나 세 번째 층에 있어. / 3층에 있어.)

A **You can check up to two suitcases.** (여행가방 두 개까지 체크인할 수 있습니다.)

up to (명사) = 최대 (명사)까지

→ You can invite up to 3 people. (최대 3명까지 초대할 수 있습니다.)

→ You can purchase up to 5 tickets. (최대 티켓 5개까지 구매하실 수 있습니다.)

B **Can you give me a break? I have three.**

(봐주시면 안 돼요? 세 개를 가지고 있거든요.)

give (사람) a break = (사람)을 좀 봐주다, 쉽게 두다

→ I'll give you a break this time. (이번엔 봐줄게.)

→ Can't you give your sister a break? (네 언니 좀 쉽게 놔두면 안 되겠니?)

B **I have lots of clothes.** (옷이 많아요.)

lots of (명사) = 많은 (명사)

→ I have lots of friends. (난 친구가 많아.)

→ They have lots of money. (그들은 돈이 많아.)

A **You have to pay $50 for the third one.** (세 번째 것은 50달러를 내셔야 해요.)

have to (동사원형) = (동사원형)해야만 한다

→ You have to pay cash. (현금을 내셔야 해요.)

→ She has to come back by 10. (그녀는 10시까지 돌아와야만 해.)

DAY 95

가방 추가로 체크인하기

STEP 4

1 전 최대 3일을 머물 수 있습니다. =_____

2 그를 좀 쉽게 둬! =_____

3 이 기계는 많은 문제를 가지고 있어. =_____

4 당신은 밖에서 기다려야만 합니다. =_____

You have to wait outside

I can stay up to 3 days. | Give him a break! | This machine has lots of problems. |

성적 자랑하는 누나

_가정

STEP 1

A Unlike you, I _____ an A! (너랑은 달리 난 A 받았지롱!)

B Stop showing off! I studied _____, too! (그만 좀 뽐내! 나도 열심히 공부했어!)

A Calm down. I'm _____ saying···. (진정해. 그냥 말하는 거야···.)

B What a _____ sister···. (엄청 좋은 누나구만···.)

STEP 2

- **get** | 받다
  - → I got a B. (난 B를 받았어.)
  - → Did you get an F? (넌 F를 받았니?)

- **hard** | 열심히, 세게
  - → My employees are working hard. (내 직원들이 열심히 일하고 있어.)
  - → I kicked the door hard. (난 그 문을 세게 찼어.)

- **just** | 그냥, 방금
  - → I am just relaxing. (난 그냥 쉬고 있어.)
  - → She just came back. (그녀는 방금 돌아왔어.)

- **great** | 아주 좋은, 대단한
  - → This is a great opportunity. (이건 아주 좋은 기회야.)
  - → He was a great person. (그는 아주 좋은 사람이었어.)

A Unlike you, I got an A! (너랑은 달리 난 A 받았지롱!)

unlike (명사) = (명사)와는 다르게

→ Unlike my brother, I have a job. (우리 형과는 달리 난 직업이 있어.)

→ I work hard unlike you. (난 너와는 달리 열심히 일해.)

B Stop showing off! I studied hard, too! (그만 좀 뽐내! 나도 열심히 공부했어!)

stop (~ing) = (~ing)하는 걸 멈추다 / 그만 (~ing)하다

→ Stop running around! (그만 뛰어 다녀!)

→ They stopped screaming. (그들은 소리 지르는 걸 멈췄어.)

A Calm down. I'm just saying⋯. (진정해. 그냥 말하는 거야⋯.)

calm down = 침착하다, 진정하다

→ Calm down a little bit. (좀 진정해.)

→ He finally calmed down. (그는 마침내 진정했어.)

B What a great sister⋯. (엄청 좋은 누나구만⋯.)

What (형용사) (명사). = 엄청 (형용사)한 (명사)네.

→ What a cold day. (엄청 추운 날이네.)

→ What a tiny phone! (엄청 작은 전화기네요!)

DAY 96

성격 지평하는 누나

1 우리와는 달리 그들은 게을러. = _____

2 그만 먹어! = _____

3 난 침착할 수가 없어. = _____

4 엄청 조용한 곳이네요. = _____

Unlike us, they are lazy. | Stop eating! | I can't calm down. | What a quiet place.

CHECK | 손영작 ☐ 입영작 ☐ 반복낭독 ☐ 수업 듣기 ☐

STEP 1

A I saw you in my _____ last night. (어젯밤에 꿈에서 널 봤어.)

B Today must be your _____ day! (오늘이 너의 행운의 날인가보다!)

B What was I _____? (내가 뭘 하고 있었는데?)

A You were cleaning up after your _____. (너희 개 응가를 치우고 있었어.)

STEP 2

• **dream** | 꿈
 → I saw Mayu in my dreams. (나 꿈에서 마유를 봤어.)
 → That's my dream. (그게 내 꿈이야.)

• **lucky** | 행운의, 운 좋은
 → I am a lucky woman. (난 운 좋은 여자야.)
 → You are so lucky! (너 엄청 운 좋다!)

• **do** | 하다
 → What are you doing? (너 뭐하고 있는 거야?)
 → What do you do? (뭘 하세요? / 직업이 뭔가요?)

• **dog** | 개
 → My dog is an angel. (우리 개는 천사야.)
 → I have a dog and she has a cat. (난 개가 있고 그녀는 고양이가 있어.)

A I saw you in my dreams last night. (어젯밤에 꿈에서 널 봤어.)

last night = 어젯밤에, 어젯밤

→ We went to Virginia last night. (우리 어젯밤에 Virginia에 갔어.)

→ Did you call me last night? (너 어젯밤에 나한테 전화했니?)

B Today must be your lucky day! (오늘이 너의 행운의 날인가 보다!)

must be (명사) = 분명히 (명사)일 것이다

→ You must be Mayu's sister. (당신이 마유의 여동생인가 보군요.)

→ This must be your favorite song. (이건 분명 네가 가장 좋아하는 노래일 거야.)

B What was I doing? (내가 뭘 하고 있었는데?)

was/were (~ing) = (~ing)하고 있었다

→ I was sleeping. (난 자고 있었어.)

→ Were you doing your homework? (너 숙제하고 있었니?)

A You were cleaning up after your dog. (너희 개 응가를 치우고 있었어.)

clean up after (명사) = (명사)가 벌린 일의 뒷정리를 하다 / 응가를 치우다

→ Always clean up after your dog. (항상 당신 개의 응가를 치우세요.)

→ I don't want to clean up after you! (난 네가 벌린 일의 뒷정리를 해주기 싫어!)

DAY 97

좋은 끔인지 나쁜 끔인지

1 너 어젯밤에 뭐 했어? =_____

2 그건 분명히 그의 실수일 거야. =_____

3 넌 뭘 하고 있었니? =_____

4 너 너희 개 응가 치웠니? =_____

Did you clean up after your dog?

What did you do last night? | It must be his mistake. | What were you doing? |

물안경 사기

STEP 1

A Do you have _____ _____ for kids? (아이들용 물안경 있나요?)

A I can't _____ any. (하나도 찾을 수가 없네요.)

B These are for all _____. (이것들은 전 연령용이에요.)

B You can _____ the strap and the nose bridge. (끈과 콧등을 조절할 수 있어요.)

STEP 2

- **swimming goggles** | 물안경
  - → I bought new swimming goggles. (난 새 물안경을 샀어.)
  - → Where are your swimming goggles? (네 물안경 어디 있어?)

- **find** | 찾아내다
  - → I found it! (나 그거 찾아냈어!)
  - → Did you find your key? (네 열쇠 찾아냈니?)

- **age** | 나이, 연령
  - → Age is just a number. (나이는 숫자에 불과하다.)
  - → I need his age. (전 그의 나이가 필요해요.)

- **adjust** | 조절하다
  - → You can adjust the height. (높이를 조절할 수 있어요.)
  - → I adjusted the length. (길이를 조절했어요.)

A Do you have swimming goggles for kids? (아이들용 물안경 있나요?)

Do you have (명사) for kids? = 아이들용 (명사) 있나요?

→ Do you have boots for kids? (아이들용 부츠 있나요?)

→ Do you have umbrellas for kids? (아이들용 우산 있나요?)

A I can't find any. (하나도 찾을 수가 없네요.)

can't (동사원형) = (동사원형)할 수가 없다

→ I can't find my hairpin. (내 머리핀을 찾을 수가 없어.)

→ We can't solve this quiz. (우린 이 퀴즈를 풀 수가 없어.)

B These are for all ages. (이것들은 전 연령용이에요.)

for all ages = 전 연령용인

→ WCB English is for all ages. (왕초보영어는 전 연령용이에요.)

→ This cartoon is for all ages. (이 만화는 전 연령용이에요.)

B You can adjust the strap and the nose bridge.

(끈과 콧등을 조절할 수 있어요.)

can (동사원형) = (동사원형)할 수 있다

→ You can adjust the width. (너비를 조절할 수 있어요.)

→ Tony can speak Chinese. (Tony는 중국어를 할 수 있어.)

1 아이들용 재킷 있나요? =＿＿＿＿＿＿＿＿＿＿＿＿＿

2 당신은 당신의 개를 데려올 수 없어요. =＿＿＿＿＿＿＿＿＿＿＿

3 이 영화는 전 연령용인가요? =＿＿＿＿＿＿＿＿＿＿＿＿

4 우린 이번 주말에 일할 수 있어요. =＿＿＿＿＿＿＿＿＿＿＿

Do you have jackets for kids? | You can't bring your dog. | Is this movie for all ages?
We can work this weekend.

세트메뉴 고르기

CHECK | 손영작 ☐ 입영작 ☐ 반복낭독 ☐ 수업 듣기 ☐

STEP 1

A Let me get one #3, _____. (3번 하나 주세요.)

B Would you like the _____ or just the burger?
(세트메뉴를 원하시나요 아니면 버거만 원하시나요?)

B The meal comes with French fries and a _____.
(세트메뉴는 감자튀김과 음료가 딸려 나와요.)

A I want the _____ meal with a cola. (콜라와 함께 전체 세트메뉴로 주세요.)

STEP 2

• **please** | 제발, ~해주세요
→ Please don't bother me. (절 방해하지 마세요.)
→ Please come back later. (나중에 돌아와주세요.)

• **meal** | 식사, 세트메뉴
→ I ordered the meal. (전 세트메뉴를 시켰는데요.)
→ Don't skip a meal. (식사를 거르지 마.)

• **drink** | 음료
→ Drinks are free. (음료는 무료입니다.)
→ You will get free drinks. (무료 음료를 받으실 거예요.)

• **whole** | 전체의, 완전한
→ This is a whole new world. (이건 완전 새로운 세상이야.)
→ The whole building was destroyed. (전체의 건물이(건물 전체가) 파괴됐어.)

A **Let me get one #3, please.** (3번 하나 주세요.)

Let me (동사원형). = (동사원형)하게 해주세요. / (동사원형)할게요.

→ Let me call you back. (내가 도로 전화할게.)

→ Let me get two cheeseburgers. (치즈버거 두 개 주세요.)

B **Would you like the meal or just the burger?**

(세트메뉴를 원하시나요 아니면 버거만 원하시나요?)

or = 혹은, 아니면

→ Do you like Jimmy or Calvin? (넌 Jimmy를 좋아하니 아니면 Calvin을 좋아하니?)

→ Are you Canadian or Italian? (넌 캐나다 사람이니 아니면 이탈리아 사람이니?)

B **The meal comes with French fries and a drink.**

(세트메뉴는 감자튀김과 음료가 딸려 나와요.)

(명사1) comes with (명사2). = (명사1)은 (명사2)가 딸려 나온다.

→ This apartment unit comes with two bathrooms.

(이 아파트 호실은 화장실 두 개가 딸려 나와요.)

→ This bicycle comes with a warranty. (이 자전거는 보증서가 딸려 나와요.)

A **I want the whole meal with a cola.** (콜라와 함께 전체 세트메뉴로 주세요.)

with (명사) = (명사)와 함께

→ Sing along with us. (저희와 함께 따라 불러요.)

→ We are working with Brian. (우린 Brian과 함께 일하고 있어.)

DAY 99

세트메뉴 고르기

STEP 4

1 내가 뭔가를 주문할게. =_____

2 이건 네 거니 아니면 Mini의 거니? =_____

3 이 카메라는 건전지들이 딸려 나와요. =_____

4 나랑 함께 걸어. =_____

Let me order something. | Is this yours or Mini's? | This camera comes with batteries. | Walk with me.

STEP 1

A Do you think you can _____ me? (저 좀 도와주실 수 있을까요?)

A I can't reach the _____ shelf. (꼭대기 선반에 닿지가 않아서요.)

B Sure. Which one do you _____? (그럼요. 어느 게 필요하세요?)

A I need that blue box of _____. (저 파란 기저귀 상자가 필요해요.)

STEP 2

- **help** | 도와주다
  - → Can you help us? (저희를 도와주실 수 있나요?)
  - → I helped the elderly man. (전 그 연세 드신 분을 도와드렸어요.)

- **top** | 꼭대기의, 최고의, 꼭대기
  - → Julian lives on the top floor. (Julian은 꼭대기 층에 살아.)
  - → He climbed to the top. (그는 최고봉으로 올라갔어.)

- **need** | 필요로 하다
  - → I need your advice. (난 너의 충고가 필요해.)
  - → Who needs my help? (누가 내 도움이 필요하니?)

- **diaper** | 기저귀
  - → Change his diaper. (그의 기저귀를 갈아줘.)
  - → Diapers are not cheap. (기저귀는 싸지 않아.)

A Do you think you can help me? (저 좀 도와주실 수 있을까요?)

Do you think (평서문)? = (평서문)이라고 생각하니? / (평서문)인 것 같니?

→ Do you think George will come? (넌 George가 올 것 같니?)

→ Do you think life is easy? (넌 인생이 쉽다고 생각하니?)

A I can't reach the top shelf. (꼭대기 선반에 닿지가 않아서요.)

reach (명사) = (명사)에 닿다

→ I can't reach the cup. (컵에 닿지가 않아.)

→ I can't reach the window. (창문에 닿지가 않아.)

B Sure. Which one do you need? (그럼요. 어느 게 필요하세요?)

Which (명사) = 어느 (명사)

→ Which flavor do you want? (넌 어느 맛을 원하니?)

→ Which color did you choose? (넌 어느 색을 선택했니?)

A I need that blue box of diapers. (저 파란 기저귀 상자가 필요해요.)

need (명사) = (명사)가 필요하다

→ I need your opinion. (난 네 의견이 필요해.)

→ She needs some rest. (그녀는 약간의 휴식이 필요해.)

1 넌 네가 귀엽다고 생각하니? =_____

2 난 꼭대기 선반에 닿지를 못했어. =_____

3 어느 방을 원하시나요? =_____

4 우린 큰 트럭이 필요해요. =_____

Do you think you are cute? | I couldn't reach the top shelf. | Which room do you want? | We need a big truck.

나간 김에 물 사오기

CHECK | 손영작 ☐ 입영작 ☐ 반복낭독 ☐ 수업 듣기 ☐

STEP 1

A Did you _____ the dog today? (오늘 개 산책시켰니?)

B I am about to walk her _____. Why? (지금 막 산책시키려는 참이에요. 왜요?)

A We don't have any more _____. (더 이상 물이 없구나.)

B I'll go _____ some. (제가 가서 좀 사올게요.)

STEP 2

• **walk** | 산책시키다

→ I have to walk the dog. (난 개를 산책시켜야 해.)

→ You can't walk cats. (고양이는 산책 못 시켜.)

• **now** | 지금, 이제

→ She is in college now. (그녀는 이제 대학에 다녀.)

→ Can you come over now? (너 지금 들를 수 있어?)

• **water** | 물

→ Drink lots of water. (물을 많이 마셔.)

→ My daughter hates water. (내 딸은 물을 싫어해.)

• **buy** | 사다

→ Don't buy it now. (그걸 지금 사지는 마.)

→ I bought some snacks. (난 간식을 좀 샀어.)

A Did you walk the dog today? (오늘 개 산책시켰니?)

Did you (동사원형)? = 너 (동사원형)했니?

→ Did you wash your hands? (너 손 씻었니?)

→ Did you wash your hair? (너 머리 감았니?)

B I am about to walk her now. Why? (지금 막 산책시키려는 참이에요. 왜요?)

be동사 about to (동사원형) = 막 (동사원형)하려는 참이다

→ We are about to land. (우리는 막 착륙하려는 참입니다.)

→ She was about to leave. (그녀는 막 떠나려는 참이었어.)

A We don't have any more water. (더 이상 물이 없구나.)

more (명사) = 더 많은 (명사)

→ Do you have more food? (음식이 더 있나요?)

→ I have more cash. (난 현금이 더 있어.)

B I'll go buy some. (제가 가서 좀 사올게요.)

go (동사원형) = 가서 (동사원형)하다

→ Go wash your car. (가서 세차해.)

→ Go ask him. (가서 그에게 물어봐.)

---

1 너 네 에세이 마쳤니? =_____

2 난 막 샤워하려는 참이야. =_____

3 저희는 물이 더 있어요. =_____

4 가서 뭔가를 먹어. =_____

Did you finish your essay? | I am about to take a shower. | We have more water. | Go eat something.

병원에 일찍 도착하기

CHECK | 손영작 ☐ 입영작 ☐ 반복낭독 ☐ 수업 듣기 ☐

STEP 1

A I have a 1:30 _____ with Dr. Baek.
(백 선생님과 1시 반 예약이 있는데요.)
A I'm a bit _____ today. (오늘 좀 일찍 왔어요.)
B He's out to lunch _____ now. (지금 점심 식사하러 나가 계세요.)
B He will be _____ in 5 minutes. (5분 있다가 돌아오실 거예요.)

STEP 2

• **appointment** | (공적인) 약속, 예약
→ I have an appointment with the professor. (전 교수님과 예약이 있어요.)
→ Did you make an appointment? (예약을 하셨나요?)

• **early** | 일찍
→ Wake up early tomorrow. (내일 일찍 일어나.)
→ You are here early! (너 여기 일찍 왔네!)

• **right** | 바로
→ He is right there. (그는 바로 저기에 있어.)
→ Come here right now. (지금 바로 여기로 와.)

• **back** | 돌아온
→ Are you back? (너 돌아온 거니?)
→ He is not back yet. (그는 아직 돌아오지 않았어.)

A I have a 1:30 appointment with Dr. Baek.

(백 선생님과 1시 반 예약이 있는데요.)

have a (시간) appointment = (시간)시 예약이 있다

→ You have a 5:30 appointment. (손님은 5시 반 예약이 있습니다.)

→ I have a 2 o'clock appointment. (난 2시 예약이 있어.)

A I'm a bit early today. (오늘 좀 일찍 왔어요.)

a bit = 조금, 약간

→ She was a bit disappointed. (그녀는 좀 실망했어.)

→ This question is a bit difficult. (이 질문은 약간 어려워.)

B He's out to lunch right now. (지금 점심 식사하러 나가 계세요.)

out to (식사) = (식사)하러 나간

→ My boss is out to lunch. (저희 상사는 점심 식사하러 나갔어요.)

→ Ron is out to brunch. (Ron은 브런치 하러 나갔어요.)

B He will be back in 5 minutes. (5분 있다가 돌아오실 거예요.)

in (기간) = (기간) 있다가

→ I will be back in 3 years. (난 3년 있다가 돌아올 거야.)

→ I will see you in 2 hours. (두 시간 있다가 보자.)

DAY 102

병원에 일찍 도착하기

1 저희는 세 시 예약이 있어요. =_____

2 이 쿠키는 조금 달아. =_____

3 그는 점심 식사하러 나갔나요? =_____

4 일주일 있다가 돌아오세요. =_____

We have a 3 o'clock appointment. | This cookie is a bit sweet. | Is he out to lunch? | Come back in a week.

한국 물건이 예뻐

쇼핑

CHECK | 손영작 □ 입영작 □ 반복낭독 □ 수업 듣기 □

STEP 1

A Where did you get this _____? (이 팔찌 어디에서 사신 거예요?)

B It's from Korea. I ordered it _____.
(한국에서 온 거예요. 온라인으로 주문했어요.)

B There are many cute _____ on their website.
(그 웹사이트에 귀여운 액세서리가 많이 있어요.)

A Can I have the _____ address? (웹사이트 주소 좀 알 수 있을까요?)

STEP 2

- **bracelet** | 팔찌
  - → Whose bracelet is this? (이건 누구 팔찌니?)
  - → She is wearing a silver bracelet. (그녀는 은팔찌를 차고 있어.)

- **online** | 온라인으로, 온라인에서
  - → I read it online. (난 그걸 온라인에서 읽었어.)
  - → She ordered the earrings online. (그녀는 그 귀걸이를 온라인으로 주문했어.)

- **accessory** | 액세서리
  - → They sell cheap accessories. (그들은 싼 액세서리를 팔아.)
  - → I bought accessories for my daughter. (난 내 딸을 위해 액세서리를 샀어.)

- **website** | 웹사이트
  - → Visit our website. (저희 웹사이트를 방문하세요.)
  - → What's your website address? (당신의 웹사이트 주소는 뭔가요?)

A Where did you get this bracelet? (이 팔찌 어디에서 사신 거예요?)

Where did you (동사원형)? = 어디에, 어디로, 어디에서 (동사원형)했니?

→ Where did you go on Tuesday? (너 화요일에 어디 갔었니?)

→ Where did you teach English? (너 어디에서 영어를 가르쳤니?)

B It's from Korea. I ordered it online.

(한국에서 온 거예요. 온라인으로 주문했어요.)

from = (명사)에서 온 / (명사) 출신인

→ This monitor is from Korea. (이 화면은 한국에서 온 거야.)

→ Jennifer is from America. (Jennifer는 미국 출신이야.)

B There are many cute accessories on their website.

(그 웹사이트에 귀여운 액세서리가 많이 있어요.)

There are (복수명사). = (복수명사)들이 있어.

→ There are many shoes on their website. (그 웹사이트에 신발이 많이 있어.)

→ There are children in the playground. (놀이터에 아이들이 있어.)

A Can I have the website address? (웹사이트 주소 좀 알 수 있을까요?)

Can I have (명사)? = 제가 (명사)를 받을 수 있나요? / 줄 수 있나요?

→ Can I have something to drink? (마실 걸 주실 수 있나요?)

→ Can I have the menu? (메뉴를 주실 수 있나요?)

DAY 103

한국 물건이 예뻐

1 너 어디에서 먹었니? =_____

2 이 스카프는 스페인에서 온 거야. =_____

3 그 동물원에는 동물들이 있어. =_____

4 제가 포크를 받을 수 있을까요? =_____

Where did you eat? | This scarf is from Spain. | There are animals in the zoo. | Can I have a fork?

STEP 1

A Are you ＿＿＿＿＿ to order? (주문하실 준비됐나요?)

B I'm still waiting for a couple of my ＿＿＿＿＿.
(아직 제 친구 몇 명을 기다리고 있어요.)

B Can you give me a few ＿＿＿＿＿? (몇 분 주실 수 있나요?)

A Sure thing. Take your ＿＿＿＿. (그럼요. 천천히 하세요.)

STEP 2

- **ready** | 준비된
  - → We are so ready. (우린 완전 준비됐어요.)
  - → The singer is not ready yet. (그 가수는 아직 준비가 안 됐어요.)

- **friend** | 친구
  - → You can invite your friends. (네 친구들을 초대해도 돼.)
  - → Mayu is my best friend. (마유는 내 가장 친한 친구야.)

- **minute** | 분
  - → I have 5 minutes. (나 5분 있어.)
  - → Do you have a minute? (너 1분 있니? / 잠깐 시간 되니?)

- **time** | 시간
  - → We need more time. (저희는 시간이 더 필요해요.)
  - → I can make time. (나 시간 낼 수 있어.)

A Are you ready to order? (주문하실 준비됐나요?)

　　be ready to (동사원형) = (동사원형)할 준비가 되어 있다

→ I am ready to eat. (저 먹을 준비됐어요.)

→ She is ready to sing. (그녀는 노래할 준비됐어요.)

B I'm still waiting for a couple of my friends.

　　(아직 제 친구 몇 명을 기다리고 있어요.)

　　a couple of (복수명사) = 한두 개의 (복수명사)들 / 몇 개의 (복수명사)들

→ I have a couple of minutes. (나 1~2분 정도 있어. / 잠깐 시간 돼.)

→ I visited a couple of countries. (난 몇 나라를 방문했어.)

B Can you give me a few minutes? (몇 분 주실 수 있나요?)

　　a few (복수명사) = 몇 개의 (복수명사)들

→ It takes a few hours. (그건 몇 시간 걸려.)

→ Just give me a few months. (내게 몇 달만 줘.)

A Sure thing. Take your time. (그럼요. 천천히 하세요.)

　　take (사람)'s time = 여유를 가지고 천천히 하다

→ That's okay. Take your time. (괜찮아요. 천천히 하세요.)

→ I took my time. (난 여유를 가지고 천천히 했어.)

DAY 104

식당에서 친구를 기다리기

STEP 4

1 저희는 갈 준비됐어요. =＿＿＿＿＿＿＿＿＿＿

2 나 친구 한두 명 있어. =＿＿＿＿＿＿＿＿＿＿

3 그건 몇 주가 걸려요. =＿＿＿＿＿＿＿＿＿＿

4 그녀는 여유를 가지고 천천히 했어. =＿＿＿＿＿＿＿＿＿＿

We are ready to go.　|　I have a couple of friends　|　It takes a few weeks.　|　She took her time.

STEP 1

A What's the quickest _____ to New York City?
(뉴욕시로 가는 가장 빠른 길이 뭔가요?)

B You want to take the George Washington _____.
(조지워싱턴 다리를 이용하는 게 좋을 거예요.)

B Or better yet, just _____ a bus. (아니면 차라리, 그냥 버스를 타세요.)

A _____. I don't want to hit traffic. (맞아요. 교통체증을 겪고 싶진 않네요.)

STEP 2

- **way** | 길
  - → This is the shortest way. (이게 가장 짧은 길이야.)
  - → This is the right way. (이게 맞는 길이야.)

- **bridge** | 다리
  - → Go across the bridge. (그 다리를 건너 가.)
  - → They built a new bridge. (그들은 새 다리를 지었어.)

- **take** | 대중교통을 이용하다, 타다
  - → I took a train. (난 열차를 이용했어. / 탔어.)
  - → Just take a taxi. (그냥 택시를 이용해. / 타.)

- **right** | 옳은, 맞는
  - → You are right. (네가 맞아.)
  - → Is this the right address? (이거 맞는 주소니?)

A What's the quickest way to New York City?

(뉴욕시로 가는 가장 빠른 길이 뭔가요?)

the (최상급 형용사) = 가장 (형용사)한

→ This is the tallest tower in the world. (이건 세상에서 가장 키가 큰 타워야.)

→ What is the easiest way? (가장 쉬운 방법이 뭐죠?)

B You want to take the George Washington Bridge.

(조지워싱턴 다리를 이용하는 게 좋을 거예요.)

want to (동사원형) = (동사원형)하고 싶다

→ I want to take a bus. (난 버스를 타고 싶어.)

→ Roy wanted to be a star. (Roy는 스타가 되고 싶었어.)

B Or better yet, just take a bus. (아니면 차라리, 그냥 버스를 타세요.)

Or better yet, = 아니면 차라리,

→ Or better yet, just call me. (아니면 차라리, 그냥 내게 전화를 해.)

→ Or better yet, go see him. (아니면 차라리, 가서 그를 봐.)

A Right. I don't want to hit traffic. (맞아요. 교통체증을 겪고 싶진 않네요.)

hit traffic = 교통체증을 겪다

→ You are going to hit traffic. (넌 교통체증을 겪을 거야.)

→ We hit traffic. (우린 교통체증을 겪었어.)

DAY 105

가장 빠른 길 물어보기

1 이건 가장 인기 있는 쇼야. =_____

2 난 사과하고 싶었어. =_____

3 아니면 차라리, 그녀에게 이메일을 해. =_____

4 너 어쩌면 교통체증 겪을지도 몰라. =_____

This is the most popular show. | I wanted to apologize. | Or better yet, email her. | You might hit traffic.

CHECK | 손영작 ☐ 입영작 ☐ 반복낭독 ☐ 수업 듣기 ☐

STEP 1

A Grandma, I'm so _____! Play with me!
(할머니 저 심심해요! 저랑 놀아주세요!)
B You remind me of your _____. (널 보면 네 할아버지가 생각나는구나.)
A I don't look like him, _____. (그렇지만 전 할아버지랑 안 닮았는걸요.)
B He used to _____ like you. (너처럼 미소 짓곤 했단다.)

STEP 2

• **bored** | 지루함을 느끼는, 심심해하는
→ We are very bored. (우리 엄청 지루해.)
→ Are you bored? (너 심심하니?)

• **grandpa** | 할아버지
→ My grandpa is still healthy. (우리 할아버지는 아직 건강하셔.)
→ I admire my grandpa. (난 우리 할아버지를 존경해.)

• **though** | 그래도, 그런데, 그렇지만
→ I don't like it, though. (난 그래도 그게 마음에 안 드는걸.)
→ She doesn't know me, though. (그렇지만 그녀는 날 모르는데.)

• **smile** | 미소를 짓다
→ Are you smiling at me? (너 내게 미소 짓고 있는 거니?)
→ Be happy and smile. (행복하고 미소 지으렴.)

A Grandma, I'm so bored! Play with me! (할머니 저 심심해요! 저랑 놀아주세요!)

play with (명사) = (명사)와 놀아주다

→ I am playing with my kids. (난 우리 애들이랑 놀아주고 있어.)

→ Play with your friends. (네 친구들과 놀아.)

B You remind me of your grandpa. (널 보면 네 할아버지가 생각나는구나.)

remind (사람) of (명사) = (사람)에게 (명사)를 생각나게 하다

→ You remind me of your dad. (넌 내게 너의 아버지를 생각나게 해.)

→ She reminds me of someone. (그녀는 내게 누군가를 생각나게 해.)

A I don't look like him, though. (그렇지만 전 할아버지랑 안 닮았는걸요.)

look like (명사) = (명사)처럼 생겼다 / (명사)와 닮았다

→ You look like my brother. (너 우리 형이랑 닮았어.)

→ It doesn't look like mine. (그건 내 것처럼 안 생겼어. / 내 것 같지 않은데.)

B He used to smile like you. (너처럼 미소 짓곤 했단다.)

like (명사) = (명사)처럼

→ My boyfriend talks like you. (내 남자 친구는 너처럼 말을 해. / 말투가 비슷해.)

→ I used to work hard like you. (나도 너처럼 열심히 일하곤 했어.)

DAY 106

할아버지가 그리운 할머니

1 저희와 놀아주세요. =＿＿＿＿＿＿＿＿＿＿＿＿＿＿＿＿＿

2 넌 내게 Chris를 생각하게 해. =＿＿＿＿＿＿＿＿＿＿＿＿＿＿＿

3 내가 고양이처럼 생겼니? =＿＿＿＿＿＿＿＿＿＿＿＿＿＿＿＿

4 내 아들은 너처럼 걸어. =＿＿＿＿＿＿＿＿＿＿＿＿＿＿＿＿＿

Please play with us. | You remind me of Chris. | Do I look like a cat? | My son walks like you.

STEP 1

A It's time to go to sleep, _____. (잠자리에 들 시간이다, 얘야.)

B Can I _____ just one more round? (한 판만 더 하면 안 돼요?)

A No, it's _____ past 10. (안 돼, 벌써 10시가 지났잖니.)

B One _____ round! I swear to God! (마지막 한 판이요! 신께 맹세해요!)

STEP 2

- **pumpkin** | 호박, 애야
  - → Oh, my little pumpkin. (오, 내 어린아이야.)
  - → Come here, pumpkin. (이리 오렴, 애야.)

- **play** | 게임, 스포츠 등을 하다
  - → Let's play a game. (게임을 하자.)
  - → They are playing soccer. (그들은 축구를 하고 있어.)

- **already** | 이미, 벌써
  - → It's already 2020. (벌써 2020년이야.)
  - → They are already in the building. (그들은 이미 건물 안에 와 있어.)

- **last** | 마지막인
  - → This is your last chance. (이게 네 마지막 기회야.)
  - → This is the last song. (이게 마지막 곡입니다.)

A **It's time to go to sleep, pumpkin.** (잠자리에 들 시간이다, 애야.)

go to bed = 잠자리에 들다

→ I went to bed early. (난 일찍 잠자리에 들었어.)

→ Go to bed now! (당장 잠자리에 들어!)

B **Can I play just one more round?** (한 판만 더 하면 안 돼요?)

one more (명사) = (명사) 하나 더

→ We need 10 more minutes. (저희 10분 더 필요해요.)

→ We have two more seats. (저희는 자리가 두 개 더 있어요.)

A **No, it's already past 10.** (안 돼, 벌써 10시가 지났잖니.)

It's past (시기). = (시기)가 지났다.

→ It's past 9. (9시가 지났잖아.)

→ It's already past your bedtime. (벌써 잠자리 시간이 지났잖아.)

B **One last round! I swear to God!** (마지막 한 판이요! 신께 맹세해요!)

swear to (명사) = (명사)에게 맹세하다

→ I swear to my mom. (우리 엄마에게 맹세해.)

→ Can you swear to God? (너 신께 맹세할 수 있어?)

1 난 늦게 잠자리에 들었어. =_____

2 난 3분이 더 필요해. =_____

3 벌써 12시가 지났잖아! =_____

4 너 신께 맹세해? =_____

I went to bed late. | I need 3 more minutes. | It's already past 12! | Do you swear to God?

STEP 1

A What time do you _____ on weekdays? (주중에 몇 시에 닫나요?)

B We close at 10 except for _____. (일요일만 빼고 10시에 닫습니다.)

A What are your _____ hours on Sundays?
(일요일 영업시간은 어떻게 되나요?)

B We _____ at 10am and close at 8pm. (오전 10시에 열고 오후 8시에 닫습니다.)

STEP 2

• **close** | 닫다, 가까운
→ Don't close the trunk. (트렁크 닫지 마.)
→ I closed the window. (난 그 창문을 닫았어.)

• **Sunday** | 일요일
→ I don't go to school on Sundays. (난 일요일에는 학교 안 가.)
→ I will see you this Sunday. (이번 주 일요일에 보자.)

• **business** | 영업, 사업
→ She is in the movie business. (그녀는 영화 사업 쪽에 있어.)
→ Ray is running a business. (Ray는 사업을 운영하고 있어.)

• **open** | 열다, 열린
→ They open at 5pm. (그들은 오후 5시에 열어.)
→ Open the gate. (게이트를 여세요.)

A What time do you close on weekdays? (주중에 몇 시에 닫나요?)

What time (질문)? = 몇 시에 (질문)이니?

→ What time do you go to bed? (넌 몇 시에 잠자리에 드니?)

→ What time did you wake up? (넌 몇 시에 일어났니?)

B We close at 10 except for Sundays. (일요일만 빼고 10시에 닫습니다.)

except for (명사) = (명사)만 빼고

→ They all came except for Henry. (Henry만 빼고 그들 모두 왔어.)

→ I work every day except for Mondays. (난 월요일만 빼고 매일 일해.)

A What are your business hours on Sundays?

(일요일 영업시간은 어떻게 되나요?)

What are (복수명사)? = (복수명사)는 뭔가요?

→ What are these boxes? (이 상자들은 뭔가요?)

→ What are these lines? (이 줄들은 뭐예요?)

B We open at 10am and close at 8pm.

(오전 10시에 열고 오후 8시에 닫습니다.)

at (시간) = (시간)에

→ They opened at 8am today. (그들은 오늘 8시에 열었어.)

→ The plane took off at 10pm. (그 비행기는 10시에 이륙했어.)

1 몇 시에 넌 학교에 가니? =＿＿＿＿＿＿＿＿＿＿＿

2 난 당근 빼고 아무거나 먹을 수 있어. =＿＿＿＿＿＿＿＿＿

3 이 별들은 뭐예요? =＿＿＿＿＿＿＿＿＿＿＿＿＿＿

4 8시에 시작하자. =＿＿＿＿＿＿＿＿＿＿＿＿＿＿＿

| What time do you go to school? | I can eat anything except for carrots. | What are these stars? | Let's start at 8.

내 음식은 어디에

_식당

STEP 1

A Excuse me, but is my _____ ready? (실례지만 제 음식 준비됐나요?)

A I've been _____ for 30 minutes. (30분을 기다려오고 있는데요.)

B We're terribly sorry. Let me go _____. (정말 죄송합니다. 가서 확인해볼게요.)

B The _____ must be busy because it's Friday.
(금요일이라 분명 주방이 바쁜 걸 거예요.)

STEP 2

- **food** | 음식
  - → I can bring some food. (내가 음식을 좀 가져올 수 있어.)
  - → Where is my food? (제 음식은 어디 있나요?)

- **wait** | 기다리다
  - → Wait for me in the lobby. (로비에서 날 기다려.)
  - → Wait a minute. (잠시만 기다려.)

- **check** | 확인하다
  - → Did you check the drawer? (그 서랍 확인해봤어?)
  - → Please check your email. (이메일을 확인해주세요.)

- **kitchen** | 주방
  - → Where is the kitchen? (주방은 어디죠?)
  - → The suite has a kitchen, too. (그 스위트룸은 주방도 있어요.)

A **Excuse me, but is my food ready?** (실례지만 제 음식 준비됐나요?)

Excuse me, but (질문)? = 실례지만 (질문)인가요?

→ Excuse me, but where is the bathroom? (실례지만 화장실이 어디죠?)

→ Excuse me, but can you be quiet? (실례지만 조용히 해주실 수 있나요?)

A **I've been waiting for 30 minutes.** (30분을 기다려오고 있는데요.)

have been (~ing) = (~ing)해오고 있다

→ I have been working for 2 days. (난 이틀간 일해오고 있어.)

→ She has been exercising for 30 minutes. (그녀는 30분간 운동해오고 있어.)

B **We're terribly sorry. Let me go check.** (정말 죄송합니다. 가서 확인해볼게요.)

Let me (동사원형). = (동사원형)하게 해주세요. / (동사원형)할게요.

→ Let me sit with Larry. (내가 Larry랑 앉을게.)

→ Let me go find out. (제가 가서 알아볼게요.)

B **The kitchen must be busy because it's Friday.**

(금요일이라 분명 주방이 바쁜 걸 거예요.)

because (평서문) = (평서문)이기 때문에

→ I am happy because you are here. (네가 여기 있어서 난 행복해.)

→ I was sad because he left early. (그가 일찍 떠났기 때문에 난 슬펐어.)

DAY 109

내 음식은 어디에

STEP 4

1 실례지만, 당신이 마유인가요? =_____

2 우린 함께 일해오고 있어. =_____

3 내가 널 도와줄게. =_____

4 비가 오고 있기 때문에 우린 못 나가. =_____

We can't go out because it's raining

Excuse me, but are you Mayu? | We have been working together. | Let me help you.

229

CHECK | 손영작 ☐ 입영작 ☐ 반복낭독 ☐ 수업 듣기 ☐

STEP 1

A How much is it to rent a _____ _____? (물놀이 튜브 대여하는 데 얼마예요?)

B It's $2 for one and $3 for _____. (한 개에 2달러이고 두 개에 3달러입니다.)

A Do you have _____ _____ as well? (구명조끼도 있나요?)

B Yes, but they are more _____ than swim rings.
(그렇기는 한데 물놀이 튜브보다 더 비싸요.)

STEP 2

- **swim ring** | 물놀이 튜브
  - → Do you have swimming rings for kids? (아이들용 물놀이 튜브 있나요?)
  - → What a cute swim ring! (엄청 귀여운 물놀이 튜브다!)

- **two** | 두 개(명사)
  - → I actually need two. (저 사실 두 개 필요해요.)
  - → Two is enough. (두 개면 충분해.)

- **life vest** | 구명조끼
  - → The life vest saved me. (그 구명조끼가 절 살렸어요.)
  - → You must wear a life vest. (반드시 구명조끼를 입으셔야만 합니다.)

- **expensive** | 비싼
  - → Is this more expensive? (이게 더 비싼가요?)
  - → It's actually less expensive. (그건 사실 덜 비싸요.)

A **How much is it to rent a swim ring?** (물놀이 튜브 대여하는 데 얼마예요?)

How much is it to (동사원형)? = (동사원형)하는 데 얼마예요?

→ How much is it to buy three? (세 개 사는 데 얼마예요?)

→ How much is it to rent this bicycle? (이 자전거 대여하는 데 얼마예요?)

B **It's $2 for one and $3 for two.** (한 개에 2달러이고 두 개에 3달러입니다.)

It's (가격) for (개수). = (개수)에 (가격)입니다.

→ It's $25 for one. (한 개에 25달러입니다.)

→ It's $70 for ten. (열 개에 70달러입니다.)

A **Do you have life vests as well?** (구명조끼도 있나요?)

as well = 또한, 역시, ~도

→ We have dark jeans as well. (저희는 어두운색 청바지도 있어요.)

→ She studies biology as well. (그녀는 생물학도 공부해.)

B **Yes, but they are more expensive than swim rings.**

(그렇기는 한데 물놀이 튜브보다 더 비싸요.)

than (명사) = (명사)보다

→ This one is cheaper than that one. (이게 저것보다 더 싸요.)

→ I am taller than my brother. (내가 우리 형보다 키가 더 커.)

1 스노보드 대여하는 데 얼마예요? = _____

2 세 개에 30달러입니다. = _____

3 난 한국어도 해. = _____

4 서울이 대전보다 더 가까워. = _____

Seoul is closer than Daejeon. | I speak Korean as well. | It's $30 for three. | How much is it to rent a snowboard?

출장 중에 아들과 통화하기

가정

STEP 1

A How is _____, my son? (어떻게 지내니, 아들아?)

B Things are good. I _____ you tons, Mom! (다 좋아요. 엄청 보고 싶어요, 엄마!)

B When are you coming _____ to Korea? (언제 한국에 돌아오세요?)

A I'll be there in _____. (11월에 갈 거란다.)

STEP 2

• **everything** | 모든 것

→ Everything is perfect! (모든 게 완벽해요!)

→ Yessica knows everything. (Yessica는 모든 걸 알아.)

• **miss** | 그리워하다, 놓치다

→ I miss my grandma and grandpa. (난 우리 할머니와 할아버지가 그리워.)

→ Do you miss me? (넌 내가 그립니?)

• **back** | 도로

→ I will call you back. (내가 도로 전화할게. / 다시 전화할게.)

→ Do not talk back! (도로 말하지 마! / 말대꾸하지 마!)

• **November** | 11월

→ Mayu was born in November. (마유는 11월에 태어났어.)

→ It's already November! (벌써 11월이야.)

A How is everything, my son? (어떻게 지내니, 아들아?)

How is/are (명사)? = (명사)는 어때? / (명사)는 어떻게 지내?

→ How is your uncle? (삼촌은 좀 어떠셔?)

→ How are your friends? (네 친구들은 어떻게 지내?)

B Things are good. I miss you tons, Mom! (다 좋아요. 엄청 보고 싶어요, 엄마!)

tons = 엄청 많이

→ I feel tons better. (기분이 엄청 많이 더 좋아. / 훨씬 나아졌어.)

→ We ate tons. (우린 엄청 많이 먹었어.)

B When are you coming back to Korea? (언제 한국에 돌아오세요?)

When are you (~ing)? = 너 언제 (~ing)해?

→ When are you graduating? (너 언제 졸업해?)

→ When are you getting married? (너 언제 결혼해?)

A I'll be there in November. (11월에 갈 거란다.)

in (월/년도) = (월/년도)에

→ Max was born in 2000. (Max는 2000년에 태어났어.)

→ I came back to Korea in May. (난 5월에 한국에 돌아왔어.)

1 너희 어머니는 어떻게 지내셔? =_____

2 그들은 엄청 많이 마셨어. =_____

3 너 언제 떠나? =_____

4 그들은 3월에 이사했어. =_____

How is your mother? | They drank tons. | When are you leaving? | They moved in March.

게임 얘기하는 친구들 _일상

STEP 1

A What are you _____? (뭘 플레이하고 있는 거야?)

B It's a role-playing _____. It just came out. (롤플레잉 게임이야. 방금 나왔어.)

A It looks pretty _____! (꽤 재미있어 보이는데!)

B It's called 'The _____ of Mayu'. ('마유의 전설'이라고 해.)

STEP 2

- **play** | 게임이나 운동 등을 하다
  - → Are you playing a game? (너 게임하고 있어?)
  - → I don't like playing computer games. (나 컴퓨터 게임하는 거 안 좋아해.)

- **game** | 게임, 경기
  - → We watched a soccer game. (우린 축구 경기를 봤어.)
  - → Is this a new game? (이거 새로 나온 게임이야?)

- **fun** | 재미있는
  - → He is such a fun person. (그는 엄청 재미있는 사람이야.)
  - → It was a fun party. (그건 재미있는 파티였어.)

- **legend** | 전설
  - → He is a living legend. (그는 살아 있는 전설이야.)
  - → I am playing 'The Legend of WCB'. (난 '왕초보의 전설'을 하고 있어.)

A **What are you playing?** (뭘 플레이하고 있는 거야?)

What are you (~ing)? = 넌 뭘 (~ing)하고 있니?

→ What are you drawing? (넌 뭘 그리고 있니?)

→ What are you looking at? (넌 뭘 보고 있는 거니?)

B **It's a role-playing game. It just came out.** (롤플레잉 게임이야. 방금 나왔어.)

come out = 나오다

→ BTS' new album came out! (BTS의 새 앨범이 나왔어!)

→ When is it coming out? (그거 언제 나와요?)

A **It looks pretty fun!** (꽤 재미있어 보이는데!)

pretty (형용사) = 꽤 (형용사)한

→ I am pretty serious. (나 꽤 진지해.)

→ This laptop is pretty light. (이 노트북 컴퓨터는 꽤 가벼워.)

B **It's called 'The Legend of Mayu'.** ('마유의 전설'이라고 해.)

(명사) is called (명칭). = (명사)는 (명칭)이라고 불려. / (명칭)이라고 해.

→ This TV show is called 'WCB English'. (이 TV쇼는 '왕초보영어'라고 해.)

→ The song is called 'My Love'. (그 노래는 '내 사랑'이라고 해.)

DAY 112

게임 얘기하는 친구들

1 넌 뭘 읽고 있니? =_____

2 Mini의 앨범이 어제 나왔어. =_____

3 이 책은 꽤 쿨해. =_____

4 마유의 라디오 쇼는 'Easy Writing'이라고 해. =_____

What are you reading? | Mini's album came out yesterday. | This book is pretty cool. | Mayu's radio show is called 'Easy Writing'.

DAY 113 커피에 중독된 친구

쇼핑

CHECK | 손영작 ☐ 입영작 ☐ 반복낭독 ☐ 수업 듣기 ☐

STEP 1

A Can I get an Americano with two _____?
(샷 두 개 들어간 아메리카노 하나 주실 수 있나요?)
B Are you ordering _____ cup of coffee? (너 커피 한 잔 더 주문하는 거야?)
A I can't _____ without it. (난 커피 없으면 살아남질 못해.)
B You are addicted to _____. (너 카페인에 중독됐네.)

STEP 2

- **shot** | 한 잔
  → We had two shots. (우린 두 잔을 마셨어.)
  → I would like a shot of whiskey. (전 위스키 한 잔을 원해요.)

- **another** | 또 다른
  → I want another glass. (전 한 잔 더 원해요.)
  → Would you like another one? (하나 더 원하세요?)

- **survive** | 살아남다, 생존하다
  → They both survived. (그들 둘 다 생존했어.)
  → The plant didn't survive. (그 식물은 살아남지 못했어.)

- **caffeine** | 카페인
  → I had too much caffeine. (난 너무 많은 카페인을 섭취했어.)
  → Is caffeine bad for one's health? (카페인은 몸에 안 좋니?)

A Can I get an Americano with two shots?

(샷 두 개 들어간 아메리카노 하나 주실 수 있나요?)

with (명사) = (명사)를 가진 / (명사)가 들어간

→ I want something with pork. (전 돼지고기가 들어간 뭔가를 원해요.)

→ I ordered a hamburger with cheese. (난 치즈가 들어간 햄버거를 주문했어.)

B Are you ordering another cup of coffee? (너 커피 한 잔 더 주문하는 거야?)

a cup of (명사) = (명사) 한 컵 / 한 잔

→ I ordered a cup of coffee for you. (널 위해 커피 한 잔을 주문했어.)

→ She wants a cup of hot milk. (그녀는 뜨거운 우유 한 컵을 원해.)

A I can't survive without it. (난 커피 없으면 살아남질 못해.)

without (명사) = (명사) 없이

→ They started the party without Olive. (그들은 Olive 없이 그 파티를 시작했어.)

→ Don't eat anything without me. (나 없이 아무것도 먹지 마.)

B You are addicted to caffeine. (너 카페인에 중독됐네.)

be addicted to (명사) = (명사)에 중독되어 있다

→ I am addicted to love. (난 사랑에 중독되어 있어.)

→ He is addicted to Korean food. (그는 한국 음식에 중독되어 있어.)

DAY 113

카페에 중독된 친구

1 난 소고기가 들어간 샌드위치를 원해. = _____

2 전 커피 한 잔이 필요해요. = _____

3 우린 그의 도움 없이 일하고 있어. = _____

4 넌 설탕에 중독되어 있니? = _____

I want a sandwich with beef. | I need a cup of coffee. | We are working without his help. | Are you addicted to sugar?

자리를 예약할걸

_식당_

CHECK | 손영작 ☐ 입영작 ☐ 반복낭독 ☐ 수업 듣기 ☐

STEP 1

A Do you have a reservation, _____? (예약이 있으신가요, 부인?)

B I _____ to make a reservation. (예약하는 걸 잊었어요.)

A Unfortunately, we are _____ _____. (유감스럽게도, 예약이 꽉 찼습니다.)

B Oh, no. I should've made a _____. (오, 이런. 예약을 했어야 했는데.)

STEP 2

- **ma'am** | 부인(여자에 대한 존칭)

  → Excuse me, ma'am? (실례합니다, 부인?)

  → You can't go in there, ma'am. (거기에 들어가시면 안 됩니다, 부인.)

- **forget** | 잊다

  → I forgot my password. (난 내 비밀번호를 잊었어.)

  → Don't forget about me. (나에 대해 잊지 마.)

- **fully booked** | 완전히 예약된, 예약이 꽉 찬

  → Are you fully booked? (예약이 꽉 찼나요?)

  → Everything is fully booked. (모든 게 예약이 꽉 찼어요.)

- **reservation** | 예약

  → What's your reservation number? (예약번호가 어떻게 되나요?)

  → Click here for reservations. (예약은 여기를 클릭하세요.)

A **Do you have a reservation, ma'am?** (예약이 있으신가요, 부인?)

have a reservation = 예약이 있다 / 예약을 했다

→ I have a reservation. (저 예약이 있어요. / 예약했어요.)

→ I don't have a reservation. (전 예약이 없어요. / 예약 안 했어요.)

B **I forgot to make a reservation.** (예약하는 걸 잊었어요.)

forget to (동사원형) = (동사원형)하는 걸 잊다

→ I forgot to email my boss. (난 우리 상사에게 이메일 하는 걸 잊었어.)

→ Don't forget to fax this. (이걸 팩스 보내는 걸 잊지 마.)

A **Unfortunately, we are fully booked.** (유감스럽게도, 예약이 꽉 찼습니다.)

unfortunately = 유감스럽게도

→ Unfortunately, she already quit. (유감스럽게도, 그녀는 이미 그만뒀어요.)

→ Unfortunately, that was the last flight.
(유감스럽게도, 그게 마지막 비행편이었어요.)

B **Oh, no. I should've made a reservation.** (오, 이런. 예약을 했어야 했는데.)

should have (p.p.) = (p.p.)했어야 했는데 / 실제로는 못 했을 때

→ I should have come early. (내가 일찍 왔어야 했는데.)

→ You should have called her. (넌 그녀에게 전화했어야 했어.)

DAY 114

자리를 예약한걸

1 전 이미 예약이 있어요. =＿＿＿＿＿＿＿＿＿＿＿＿＿

2 난 Brian에게 전화하는 걸 잊었어. =＿＿＿＿＿＿＿＿＿＿＿

3 유감스럽게도, 그는 여기에 없어요. =＿＿＿＿＿＿＿＿＿＿

4 우린 그걸 샀어야 했는데. =＿＿＿＿＿＿＿＿＿＿＿＿

We should have bought it.
I already have a reservation. | I forgot to call Brian. | Unfortunately, he is not here. |

제 좌석인데요

여행

STEP 1

A _____ _____, but I believe this is my seat. (실례지만 이건 제 좌석인 거 같아요.)

B Oh, I thought this was my _____. (오, 이게 제 좌석이라고 생각했어요.)

B I am very sorry. Let me _____ right now. (정말 죄송해요. 지금 바로 옮길게요.)

A Don't _____. Take your time. (괜찮아요. 천천히 하세요.)

STEP 2

- **Excuse me** | 실례합니다

  → Excuse me. Are you Mayu? (실례합니다. 마유이신가요?)

  → Excuse me. Can I sit here? (실례합니다. 여기 앉아도 될까요?)

- **seat** | 자리, 좌석

  → Is this your seat? (이게 손님 좌석인가요?)

  → I can't find my seat. (제 자리를 못 찾겠어요.)

- **move** | 움직이다, 옮기다

  → Please move your bike. (오토바이를 옮겨주세요.)

  → They moved my baggage. (그들은 내 짐을 옮겼어.)

- **worry** | 걱정하다

  → Don't worry about me. (내 걱정은 하지 마.)

  → I always worry about her. (난 항상 그녀에 대해 걱정해.)

A Excuse me, but I believe this is my seat. (실례지만 이건 제 좌석인 거 같아요.)

I believe (평서문). = (평서문)이라고 믿어요. / (평서문)인 것 같아요.

→ I believe this is Michael's. (이거 Michael 것인 거 같아.)

→ I believe that's my suitcase. (그거 제 여행가방인 것 같아요.)

B Oh, I thought this was my seat. (오, 이게 제 좌석이라고 생각했어요.)

I thought (평서문). = (평서문)이라고 생각했어. / (평서문)인 줄 알았어.

→ I thought it was mine. (난 그게 내 거인 줄 알았어.)

→ I thought you made a mistake. (난 네가 실수를 했다고 생각했어.)

B I am very sorry. Let me move right now.

(정말 죄송해요. 지금 바로 옮길게요.)

right now = 지금 바로, 당장

→ Come to my office right now. (당장 내 사무실로 오게.)

→ Let's call him right now. (지금 바로 그에게 전화하자.)

A Don't worry. Take your time. (괜찮아요. 천천히 하세요.)

Don't (동사원형). = (동사원형)하지 마.

→ Don't yell at me. (나에게 소리 지르지 마.)

→ Don't wake me up. (날 깨우지 마.)

DAY 115

제 좌석인데요

1 오늘은 월요일인 거 같아요. =_____

2 난 그게 새라고 생각했어. =_____

3 너희 누나에게 당장 전화해. =_____

4 날 밀지 마! =_____

I believe today is Monday. | I thought it was a bird. | Call your sister right now. | Don't push me!

또 잠 못 이루는 밤 _가정

STEP 1

A I am not _____ at all. (조금도 졸리지가 않네.)

A Why can't I _____ _____? (왜 잠에 못 드는 걸까요?)

B Maybe you _____ too much coffee. (아마 커피를 너무 많이 마셨나 보죠.)

B _____ down from 100 to 1. (100에서 1까지 세어 내려가봐요.)

STEP 2

- **sleepy** | 졸린
  - → Are you sleepy? (너 졸리니?)
  - → How come you are not sleepy? (어째서 넌 안 졸린 거야?)

- **fall asleep** | 잠들다
  - → I fell asleep right away. (난 곧바로 잠들었어.)
  - → Don't fall asleep here. (여기서 잠들지 마.)

- **drank** | 마셨다
  - → We drank beer. (우린 맥주를 마셨어.)
  - → I drank some alcohol. (난 술을 좀 마셨어.)

- **count** | 세다
  - → My son can't count yet. (내 아들은 아직 수를 못 세.)
  - → Count to three. (셋을 세.)

A I am not sleepy at all. (조금도 졸리지가 않네.)

at all = 조금이라도, 조금도

→ I am not hungry at all. (난 조금도 안 졸려.)

→ Are you sad at all? (넌 조금이라도 슬프니?)

A Why can't I fall asleep? (왜 잠에 못 드는 걸까요?)

Why can't (주어) (동사원형)? = 왜 (주어)가 (동사원형)하지 못하지?

→ Why can't you sleep? (왜 넌 잠을 못 자니?)

→ Why can't she come? (왜 그녀가 못 오니?)

B Maybe you drank too much coffee. (아마 커피를 너무 많이 마셨나 보죠.)

too much (명사) = 너무 많은 (명사)

→ I had too much food. (난 너무 많은 음식을 먹었어.)

→ She put in too much salt. (그녀는 너무 많은 소금을 넣었어.)

B Count down from 100 to 1. (100에서 1까지 세어 내려가봐요.)

from (명사1) to (명사2) = (명사1)에서부터 (명사2)까지

→ We ran from Seoul to Incheon. (우린 서울에서 인천까지 달렸어.)

→ Count from 0 to 10. (0에서 10까지 세.)

DAY 116

또 걸 못 이루는 밤

1 우린 조금도 피곤하지 않아. =_____

2 왜 넌 내 파티에 오지 못하니? =_____

3 난 너무 많은 물을 마셨어. =_____

4 여기에서부터 명동까지 걷자. =_____

We are not tired at all. | Why can't you come to my party? | I drank too much water. |
Let's walk from here to Myeongdong.

CHECK | 손영작 ☐ 입영작 ☐ 반복낭독 ☐ 수업 듣기 ☐

STEP 1

A I have a blind date _____. (나 내일 소개팅 있어.)

A Honestly, I don't want to wear _____. (솔직히 안경 쓰고 싶지가 않아.)

B Try wearing _____. (렌즈를 한번 착용해봐.)

B You will look much _____. (너 훨씬 더 잘생겨 보일 거야.)

STEP 2

- **tomorrow** | 내일
  - → It will rain tomorrow. (내일은 비가 올 거야.)
  - → Tomorrow is another day. (내일은 또 다른 하루야.)

- **glasses** | 안경
  - → Are these your glasses? (이건 네 안경이니?)
  - → Do you wear glasses? (너 안경 쓰니?)

- **lens(es)** | 렌즈
  - → Mayu wears lenses. (마유는 렌즈를 착용해.)
  - → I bought color lenses. (난 컬러 렌즈를 샀어.)

- **better** | 더 나은
  - → This washing machine is better. (이 세탁기가 더 나아요.)
  - → This is a better printer. (이게 더 나은 프린터예요.)

A I have a blind date tomorrow. (나 내일 소개팅 있어.)

have a blind date = 소개팅이 있다 / 소개팅을 하다

→ I had a blind date last week. (나 지난주에 소개팅했어.)

→ She has a blind date this weekend. (그녀는 이번 주말에 소개팅이 있어.)

A Honestly, I don't want to wear glasses. (솔직히 안경 쓰고 싶지가 않아.)

wear (명사) = (명사)를 착용하고(입고) 다니다 / (명사)를 착용한(입은) 상태다

→ I wear jeans every day. (난 매일 청바지를 입고 다녀.)

→ My daughter is wearing lenses. (내 딸은 렌즈를 착용하고 있어.)

B Try wearing lenses. (렌즈를 한번 착용해봐.)

try (~ing) = (~ing)하는 걸 한번 시도해보다

→ Try eating vegetables. (채소 먹는 걸 한번 시도해봐.)

→ I already tried walking. (난 이미 걷는 걸 시도해봤어.)

B You will look much better. (너 훨씬 더 잘생겨 보일 거야.)

look (형용사) = (형용사)해 보이다

→ You look adorable! (너 엄청 사랑스러워 보여!)

→ She doesn't look angry. (그녀는 화나 보이지 않아.)

1 너 내일 소개팅 있니? =_____

2 난 매일 치마를 입고 다녀. =_____

3 매일 달리는 걸 한번 시도해봐. =_____

4 마유는 행복해 보여. =_____

Do you have a blind date tomorrow? | I wear a skirt every day. | Try running every day. | Mayu looks happy.

STEP 1

A I'm looking for ＿＿＿＿＿＿ for my daughter.
(제 딸을 위한 기념품을 찾고 있는데요.)

B How ＿＿＿ is your girl? (따님이 몇 살이죠?)

A She's 15 and likes ＿＿＿＿＿＿characters. (15살이고 만화 캐릭터들을 좋아해요.)

B The Mayu ＿＿＿＿ is the hottest item in our store.
(마유 인형이 저희 가게에서 가장 인기 있는 제품이에요.)

STEP 2

- **souvenir** | 기념품
  - → I bought some souvenirs. (난 기념품을 좀 샀어.)
  - → I spent too much money on souvenirs. (난 기념품에 너무 많은 돈을 썼어.)

- **old** | 나이 든, 오래된
  - → My dog is old. (우리 개는 나이가 들었어.)
  - → This is an old building. (이건 오래된 건물이야.)

- **cartoon** | 만화
  - → My nephew loves cartoons. (내 조카는 만화를 사랑해.)
  - → He is a cartoon artist. (그는 만화 작가야.)

- **doll** | 인형
  - → They are playing with dolls. (걔네는 인형을 가지고 놀고 있어.)
  - → How much are these dolls? (이 인형들은 얼마예요?)

A I'm looking for souvenirs for my daughter. (제 딸을 위한 기념품을 찾고 있는데요.)
look for (명사) = (명사)를 찾으려 하다
→ I am looking for this store. (저 이 가게를 찾고 있는데요.)
→ Are you looking for your passport? (손님 여권을 찾고 계신가요?)

B How old is your girl? (따님이 몇 살이죠?)
How old is/are (주어)? = (주어)는 몇 살이죠?
→ How old is your niece? (네 조카는 몇 살이니?)
→ How old are your kids? (너희 아이들은 몇 살이니?)

A She's 15 and likes cartoon characters. (15살이고 만화 캐릭터들을 좋아해요.)
and = 그리고, ~이고
→ I am 20 and I am a college student. (전 스무 살이고 대학생이에요.)
→ I like romantic movies and Mayu likes comedy movies.
(난 로맨틱 영화를 좋아하고 마유는 코미디 영화를 좋아해.)

B The Mayu doll is the hottest item in our store.
(마유 인형이 저희 가게에서 가장 인기 있는 제품이에요.)
the (최상급 형용사) = 가장 (형용사)한
→ Mayu is the coolest teacher in the world. (마유는 세상에서 가장 쿨한 선생님이야.)
→ Peter is the most handsome teacher in Korea.
(Peter는 한국에서 가장 잘생긴 선생님이야.)

DAY 118

딸 기념품 사기

---

1 전 제 게이트 #10을 찾고 있어요. =_____
2 그들은 몇 살인가요? =_____
3 전 한국에 살고 제 남자 친구는 뉴욕에 살아요. =_____
4 Mini는 한국에서 가장 쿨한 배우야. =_____

Mini is the coolest actress in Korea
| I am looking for gate #10. | How old are they? | I live in Korea and my boyfriend lives in New York.

너무 익은 스테이크 _식당

STEP 1

A Did you _____ anything? (뭐라도 필요하셨나요?)

B I think this steak is _____. (이 스테이크 과하게 익혀진 거 같은데요.)

A Didn't you order a _____-_____ steak?
(완전 익혀진 스테이크 주문하지 않으셨나요?)

B I ordered _____ rare. (제 것은 설익혀지게 주문했거든요.)

STEP 2

• **need** | 필요로 하다, 필요하다

→ I need your assistance. (전 당신의 도움이 필요해요.)

→ She needs a pen. (그녀는 펜이 필요해.)

• **overcooked** | 과하게 익혀진

→ These eggs are overcooked. (이 계란은 과하게 익혀졌어.)

→ I don't like overcooked meat. (난 과하게 익혀진 고기는 안 좋아해.)

• **well-done** | 완전히 익혀진

→ I ordered a well-done steak. (전 완전 익혀진 스테이크를 주문했는데요.)

→ Is this well-done? (이거 완전 익혀진 건가요?)

• **mine** | 내 것

→ Mine is heavier. (내 거가 더 무거워.)

→ You are mine! (넌 내 거야!)

A **Did you need anything?** (뭐라도 필요하셨나요?)

Did you (동사원형)? = 너 (동사원형)했니?

→ Did you take this pill? (너 이 알약 복용했니?)

→ Did you need my help? (제 도움이 필요하셨나요?)

B **I think this steak is overcooked.** (이 스테이크 과하게 익혀진 거 같은데요.)

I think (평서문). = 난 (평서문)이라고 생각해. / (평서문)인 것 같아.

→ I think this room is too cold. (이 방은 너무 추운 거 같아요.)

→ I think Hanna has a secret. (Hanna는 비밀이 있는 거 같아.)

A **Didn't you order a well-done steak?**

(완전 익혀진 스테이크 주문하지 않으셨나요?)

Didn't you (동사원형)? = 너 (동사원형)하지 않았니?

→ Didn't you say that? (너 그렇게 말하지 않았어?)

→ Didn't you go to Mayu University? (너 마유대학교 다니지 않았니?)

B **I ordered mine rare.** (제 것은 설익혀지게 주문했거든요.)

I ordered (명사) (형용사). = 전 (명사)를 (형용사)하게 주문했어요.

→ I ordered my steak well-done. (전 제 스테이크를 완전 익혀지게 주문했어요.)

→ I ordered this rare. (전 이걸 설익혀지게 주문했어요.)

1 너 네 숙제 마쳤니? =＿＿＿＿＿＿＿＿＿＿＿＿＿＿＿＿＿

2 난 네가 똑똑하다고 생각해. =＿＿＿＿＿＿＿＿＿＿＿＿＿＿＿

3 너 러시아에서 공부하지 않았니? =＿＿＿＿＿＿＿＿＿＿＿＿＿

4 그녀는 그녀의 스테이크를 완전 익혀지게 주문했어요. =＿＿＿＿＿＿＿

She ordered her steak well-done.

Did you finish your homework? | I think you are smart. | Didn't you study in Russia? |

STEP 1

A OK. The _____ is about to leave. (좋아요. 버스가 막 떠나려는 참입니다.)

B Hold on! My _____ isn't back yet. (잠시만요! 제 남편이 아직 안 돌아왔어요.)

B I'm sorry. He went to the _____. (죄송해요. 화장실에 갔어요.)

A OK. We'll _____ for 5 minutes. (알겠습니다. 5분간 기다릴게요.)

STEP 2

• **bus** | 버스

→ That's not the right bus. (저건 맞는 버스가 아니야.)

→ Get on the bus! (그 버스에 올라타!)

• **husband** | 남편

→ Where is your husband? (네 남편은 어디 있니?)

→ She has a romantic husband. (그녀는 로맨틱한 남편이 있어.)

• **restroom** | 화장실

→ There is a restroom here. (여기 화장실이 있어요.)

→ Is there a restroom in the building? (건물 안에 화장실이 있나요?)

• **wait** | 기다리다

→ I can't wait any longer. (난 더 이상 못 기다려.)

→ They waited inside. (그들은 안에서 기다렸어.)

A OK. The bus is about to leave. (좋아요. 버스가 막 떠나려는 참입니다.)

be about to (동사원형) = 막 (동사원형)하려는 참이다

→ I am about to quit my job. (난 막 내 일을 관두려는 참이야.)

→ She is about to leave the city. (그녀는 막 그 도시를 떠나려는 참이야.)

B Hold on! My husband isn't back yet.

(잠시만요! 제 남편이 아직 안 돌아왔어요.)

yet = 아직은

→ I am not ready yet. (난 아직은 준비가 안 되어 있어.)

→ He is not here yet. (그는 아직 여기에 없어.)

B I'm sorry. He went to the restroom. (죄송해요. 화장실에 갔어요.)

go to (장소) = (장소)에 가다

→ Go to your room. (네 방으로 가렴.)

→ I went to the expo. (난 그 엑스포에 갔어.)

A OK. We'll wait for 5 minutes. (알겠습니다. 5분간 기다릴게요.)

wait for (기간) = (기간) 동안 기다리다

→ Wait for 6 months. (6개월간 기다리세요.)

→ We waited for 2 hours. (우린 2시간 동안 기다렸어.)

1 난 막 내 컴퓨터를 끄려는 참이야. =＿＿＿＿＿＿＿＿＿＿

2 우린 아직 배가 안 고파. =＿＿＿＿＿＿＿＿＿＿

3 일에 가. (출근해.) =＿＿＿＿＿＿＿＿＿＿

4 10분간 기다리자. =＿＿＿＿＿＿＿＿＿＿

I am about to turn off my computer. | We are not hungry yet. | Go to work. | Let's wait for 10 minutes.

섞어버린 빨래

_가정

STEP 1

A Who put this white shirt in the _____?
(누가 이 흰 셔츠를 바구니에 넣었지?)

B Oops…. That was _____. (아이고…. 나였어요.)

A Don't _____ whites with colors! (흰 옷들이랑 색상 옷들을 섞지 마요!)

B I'm sorry…. Stop _____ at me. (미안해요…. 나한테 그만 소리 질러요.)

STEP 2

- **basket** | 바구니, 통
  - → Put it in the basket. (그걸 그 바구니에 넣어.)
  - → Where is the wastebasket? (쓰레기통이 어디에 있니?)

- **me** | 나(목적어)
  - → It's me! Mayu! (나야! 마유!)
  - → She takes care of me. (그녀가 절 돌봐줘요.)

- **mix** | 섞다
  - → Don't mix these colors. (이 색들을 섞지 마.)
  - → I mixed it with water. (난 그걸 물이랑 섞었어.)

- **yell** | 소리 지르다
  - → Stop yelling! (그만 소리 질러!)
  - → Why are they yelling? (그들은 왜 소리 지르고 있는 거야?)

A **Who put this white shirt in the basket?**

(누가 이 흰 셔츠를 바구니에 넣었지?)

Who (동사)? = 누가 (동사)하지?

→ Who did this? (누가 이걸 했지? / 누가 이런 거지?)

→ Who called you? (누가 너에게 전화했니?)

B **Oops···. That was me.** (아이고···. 나였어요.)

Oops. = 아이고. / 이런.

→ Oops. I did it again. (아이고. 또 그래버렸네.)

→ Oops. I dropped my wallet. (이런. 지갑을 떨어뜨렸네.)

A **Don't mix whites with colors!** (흰 옷들이랑 색상 옷들을 섞지 마요!)

mix (명사1) with (명사2) = (명사1)을 (명사2)와 섞다

→ I mixed yellow with white. (난 노란색을 흰색과 섞었어.)

→ Don't mix it with sugar. (그걸 설탕과 섞지 마.)

B **I'm sorry···. Stop yelling at me.** (미안해요···. 나한테 그만 소리 질러요.)

yell at (명사) = (명사)에게 소리 지르다

→ She yelled at me first. (그녀가 내게 먼저 소리 질렀어.)

→ Are you yelling at me? (너 내게 소리 지르고 있는 거니?)

1 누가 내 초콜릿을 먹었지? =_____

2 아이고. 미안. =_____

3 그걸 소금과 섞어. =_____

4 Irene은 그녀의 남자 친구에게 소리 질렀어. =_____

Who ate my chocolate? | Oops. I'm sorry. | Mix it with salt. | Irene yelled at her boyfriend.

CHECK | 손영작 ☐ 입영작 ☐ 반복낭독 ☐ 수업 듣기 ☐

STEP 1

A Can you give me a cool Korean _____?
(나한테 멋진 한국어 이름 지어줄 수 있어?)

B _____ about Young-chul or Seung-in? (영철이나 승인은 어때?)

A Ooh! They both sound _____! (오우! 둘 다 멋지게 들리는데!)

B In fact, those are my _____' names. (사실, 그거 내 직장동료들 이름이야.)

STEP 2

- **name** | 이름
  - → Is this your last name? (이게 네 성이니?)
  - → I have two names. (난 이름이 두 개야.)

- **how** | 어떤, 어떻게
  - → How is work? (일은 좀 어때?)
  - → How can I do it? (제가 그걸 어떻게 하죠?)

- **awesome** | 멋진
  - → That's an awesome idea! (그거 멋진 아이디어다!)
  - → Your hat looks awesome! (네 모자 멋져 보이는데!)

- **coworker** | 직장 동료
  - → My coworker gave me this name.
    (내 직장 동료가 내게 이 이름을 줬어. / 지어줬어.)
  - → I have many coworkers. (난 직장 동료가 많아.)

A Can you give me a cool Korean name?

(나한테 멋진 한국어 이름 지어줄 수 있어?)

give (사람) (명사) = (사람)에게 (명사)를 주다

→ I gave him a tip. (난 그에게 팁을 줬어.)

→ Give me two minutes. (2분만 내게 줘.)

B How about Young-chul or Seung-in? (영철이나 승인은 어때?)

How about (명사)? = (명사)는 어때?

→ How about Jeju? (제주도는 어때?)

→ How about your cousin? (네 사촌은 어때?)

A Ooh! They both sound awesome! (오우! 둘 다 멋지게 들리는데!)

(명사) both = (명사) 둘 다

→ We both know that. (우리 둘 다 그걸 알아.)

→ I love them both. (난 걔네 둘 다를 사랑해.)

B In fact, those are my coworkers' names.

(사실, 그거 내 직장 동료들 이름이야.)

in fact = 사실상

→ In fact, I am an only child. (사실, 전 외동이에요.)

→ In fact, Jeremy is my coworker. (사실, Jeremy는 내 직장 동료야.)

DAY 122

한국어 이름 지어주기

STEP 4

1 Jody가 내게 이 선물을 줬어. =_____

2 너희 오빠는 어때? =_____

3 그들 둘 다 재즈 음악을 좋아해. =_____

4 사실, Kate는 날 몰라. =_____

In fact, Kate doesn't know me
They both like jazz music. | How about your brother? | Jody gave me this gift.

개봉 상품 사기

쇼핑

STEP 1

A Why are these phones _____? (왜 이 전화기들은 더 싼가요?)

B That's because they are open-box _____. (개봉 상품들이기 때문이에요.)

A Are they _____ or something? (부숴졌거나 뭐 그런 건가요?)

B No, they work _____. (아뇨, 완벽하게 작동해요.)

STEP 2

• **cheaper** | 더 싼

→ Is this cheaper than yours? (이게 네 것보다 더 싸니?)

→ We have cheaper plans. (저희는 더 싼 플랜들이 있어요.)

• **item** | 상품

→ This item is the hottest. (이 상품이 가장 인기 있어요.)

→ Which item do you want? (어느 상품을 원하세요?)

• **broken** | 고장 난, 부숴진

→ Is this coffee machine broken? (이 커피 기계는 고장 났니?)

→ In fact, it's not broken. (사실, 그거 고장 안 났어.)

• **perfectly** | 완벽하게

→ She landed perfectly. (그녀는 완벽하게 착지했어.)

→ Edward danced perfectly. (Edward는 완벽하게 춤을 췄어.)

A Why are these phones cheaper? (왜 이 전화기들은 더 싼가요?)

　Why (질문)? = 왜 (질문)인가요?

→ Why are you crying? (넌 왜 울고 있니?)

→ Why do you like hip hop? (넌 왜 힙합을 좋아해?)

B That's because they are open-box items. (개봉 상품들이기 때문이에요.)

　That's because (평서문). = 그건 (평서문)이기 때문이야.

→ That's because she is a genius. (그건 그녀가 천재이기 때문이야.)

→ That's because you are the boss. (그건 네가 상사이기 때문이야.)

A Are they broken or something? (부쉬졌거나 뭐 그런 건가요?)

　(질문) or something? = (질문)이거나 뭐 그런 거야?

→ Are you mad or something? (너 화나 있거나 뭐 그런 거야?)

→ Is it dangerous or something? (그게 위험하거나 뭐 그런 거야?)

B No, they work perfectly. (아뇨, 완벽하게 작동해요.)

　work = 작동하다, 효과가 있다, 되다

→ Your plan is working! (네 계획이 효과가 있네!)

→ This TV is not working. (이 TV가 작동을 안 하고 있어요.)

DAY 123

개봉 상품 사기

1 그녀가 왜 여기에 있는 거야? =_____

2 그건 네가 날 모르기 때문이야. =_____

3 너 슬프거나 뭐 그런 거니? =_____

4 그거 어제는 작동했어. =_____

Why is she here? | That's because you don't know me. | Are you sad or something? | It worked yesterday.

더운 날 디저트 고르기

CHECK | 손영작 ☐ 입영작 ☐ 반복낭독 ☐ 수업 듣기 ☐

STEP 1

A Do you have any ＿＿＿＿ dessert? (얼린 디저트 뭐라도 있나요?)

A I can't stand this hot ＿＿＿＿. (이 더운 날씨를 견딜 수가 없네요.)

B Try our frozen ＿＿＿＿. You will fall in love with it.
(저희 냉동 요거트를 드셔보세요. 그것과 사랑에 빠지실 거예요.)

B Watch out for ＿＿＿＿ ＿＿＿＿! (차가워서 머리 아픈 걸 조심하세요!)

STEP 2

• **frozen** | 얼린, 언

→ This meat is frozen. (이 고기는 얼어 있어.)

→ My hands are frozen. ((추워서) 손이 얼었어.)

• **weather** | 날씨

→ The weather is amazing! (날씨가 놀라워!)

→ He likes chilly weather. (그는 쌀쌀한 날씨를 좋아해.)

• **yogurt** | 요거트

→ I had yogurt for brunch. (난 브런치로 요거트를 먹었어.)

→ Yogurt made me fat. (요거트가 날 살찌웠어.)

• **brain freeze** | 차가운 걸 갑자기 먹어서 머리가 아픈 현상

→ The ice cream gave me brain freeze. (그 아이스크림 때문에 머리가 아팠어.)

→ People hate brain freeze. (사람들은 찬 음식으로 머리 아픈 걸 싫어해.)

A Do you have any frozen dessert? (얼린 디저트 뭐라도 있나요?)

Do you have (명사)? = (명사)를 가지고 있나요? / (명사)가 있나요?

→ Do you have a question? (질문이 있나요?)

→ Do you have any rooms? (방이 있나요?)

A I can't stand this hot weather. (이 더운 날씨를 견딜 수가 없네요.)

can't (동사원형) = (동사원형)할 수가 없다

→ I can't stand my boss. (난 우리 상사를 견딜 수가 없어.)

→ I can't tell you anything. (난 너에게 아무것도 말해줄 수가 없어.)

B Try our frozen yogurt. You will fall in love with it.

(저희 냉동 요거트를 드셔보세요. 그것과 사랑에 빠지실 거예요.)

fall in love with (명사) = (명사)와 사랑에 빠지다

→ I fell in love with WCB English. (난 왕초보영어와 사랑에 빠졌어.)

→ You will fall in love with this soup. (이 수프와 사랑에 빠지실 거예요.)

B Watch out for brain freeze! (차가워서 머리 아픈 걸 조심하세요!)

watch out for (명사) = (명사)를 조심하다

→ Watch out for the stairs. (계단을 조심해.)

→ Watch out for the cars! (그 차들을 조심해!)

STEP 4

1 피팅룸이 있나요? =_____

2 우린 그를 고용할 수 없어. =_____

3 난 그 강아지와 사랑에 빠졌어. =_____

4 그 바위를 조심해. =_____

Do you have a fitting room? | We can't hire him. | I fell in love with the puppy. | Watch out for the rock.

STEP 1

A Food is not allowed in the _____. (음식은 극장 내에서 허용이 안 됩니다.)

B But It's _____ a bottle of water. (하지만 그냥 물 한 병인데요.)

A You can pick it up here _____. (나중에 여기서 픽업하셔도 돼요.)

B That's a bummer. I'll _____ it here, then.
(실망스럽네요. 그럼 여기에 놔둘게요.)

STEP 2

• **theater** | 극장

→ Where is the movie theater? (그 영화 극장(영화관)은 어디에 있어?)

→ It's a huge theater. (그건 엄청 큰 극장이야.)

• **just** | 그냥, 단지

→ I just missed you. (난 그냥 네가 그리웠어.)

→ We are just friends. (우린 그냥 친구야.)

• **later** | 나중에

→ Call me later. (나한테 나중에 전화해.)

→ I can finish it later. (나 그거 나중에 끝내도 돼.)

• **leave** | 놔두다, 내버려두다

→ Please leave it there. (그거 거기에 놔둬주세요.)

→ I left it in front of the door. (저 그거 문 앞에 놔뒀어요.)

A **Food is not allowed in the theater.** (음식은 극장 내에서 허용이 안 됩니다.)

be allowed in (장소) = (장소) 안에 허용이 되다

→ Water is allowed in the hall. (물은 홀 안에 허용이 됩니다.)

→ Pets are not allowed in the building. (반려동물은 건물 안에 허용이 안 됩니다.)

B **But It's just a bottle of water.** (하지만 그냥 물 한 병인데요.)

a bottle of (명사) = (명사) 한 병

→ I bought a bottle of juice. (난 주스 한 병을 샀어.)

→ How much is a bottle of wine? (와인 한 병 얼마예요?)

A **You can pick it up here later.** (나중에 여기서 픽업하셔도 돼요.)

pick (명사) up = (명사)를 픽업하다

→ Pick me up at 8. (8시에 날 픽업해.)

→ I picked them up from the hotel. (난 그들을 그 호텔에서 픽업했어.)

B **That's a bummer. I'll leave it here, then.**

(실망스럽네요. 그럼 여기에 놔둘게요.)

That's a bummer. (실망스럽네요. / 엄청 아쉽네요.)

→ That's a bummer. You really wanted that job.

(엄청 아쉽다. 너 그 일 엄청 원했잖아.)

→ Oh, no···. That's a bummer. (오, 이런···. 실망스럽네요.)

---

1 맥주는 극장 내에서 허용이 안 됩니다. =＿＿＿＿＿＿＿＿＿＿

2 난 맥주 한 병을 마셨어. =＿＿＿＿＿＿＿＿＿＿＿＿＿

3 너 날 7시에 픽업할 수 있니? =＿＿＿＿＿＿＿＿＿＿＿

4 실망스럽네요. =＿＿＿＿＿＿＿＿＿＿＿＿＿＿＿＿

That's a bummer. | Can you pick me up at 7? | I drank a bottle of beer. | Beer is not allowed in the theater.

261

해변으로 가요

CHECK | 손영작 ☐ 입영작 ☐ 반복낭독 ☐ 수업 듣기 ☐

STEP 1

A I feel like going on _____. (휴가 가고 싶은 기분이 드네요.)

B Why don't we go to the _____ with the kids?
(애들이랑 해변에 가는 게 어때요?)

A That sounds like a _____ idea! (그거 훌륭한 아이디어 같은데요!)

B Good! I'll search for a _____. (좋아요! 내가 호텔을 찾아볼게.)

STEP 2

- **vacation** | 휴가
  - → My boss is on vacation. (우리 상사는 휴가 중이야.)
  - → They went on vacation. (그들은 휴가를 갔어.)

- **beach** | 해변
  - → Let's go to the beach. (해변에 가자.)
  - → The beach is pretty close. (그 해변은 꽤 가까워.)

- **terrific** | 훌륭한, 멋진
  - → That sounds terrific! (그거 훌륭하게 들리는데!)
  - → That was a terrific plan. (그건 훌륭한 계획이었어.)

- **hotel** | 호텔
  - → I am staying at a hotel. (난 호텔에 머물고 있어.)
  - → That is a five-star hotel. (그건 5성급 호텔이야.)

A **I feel like going on vacation.** (휴가 가고 싶은 기분이 드네요.)

feel like (~ing) = (~ing)하고 싶은 기분이 들다

→ I feel like eating something. (나 뭔가 먹고 싶은 기분이 들어.)

→ She felt like crying. (그녀는 울고 싶은 기분이 들었어.)

B **Why don't we go to the beach with the kids?**

(애들이랑 해변에 가는 게 어때요?)

Why don't we (동사원형)? = 우리 (동사원형)하는 게 어때?

→ Why don't we order something? (우리 뭔가를 주문하는 게 어때?)

→ Why don't we cook for her? (우리 그녀를 위해 요리하는 게 어때?)

A **That sounds like a terrific idea!** (그거 훌륭한 아이디어 같은데요!)

sound like (명사) = (명사)처럼 들린다 / (명사)같다

→ That sounds like a terrible plan. (그건 형편없는 계획 같아.)

→ That sounded like a perfect idea. (그건 완벽한 아이디어처럼 들렸어.)

B **Good! I'll search for a hotel.** (좋아요! 내가 호텔을 찾아볼게.)

search for (명사) = (명사)를 찾아보다

→ We searched for a cure. (우린 치유법을 찾아봤어.)

→ Let's search for a good candidate. (좋은 후보자를 찾아보자.)

1 난 뭔가를 마시고 싶은 기분이 들어. = _____

2 우리 너희 부모님을 방문하는 게 어때? = _____

3 그건 좋은 아이디어처럼 들려. = _____

4 난 그 정보를 찾아봤어. = _____

I feel like drinking something. | Why don't we visit your parents? | That sounds like a good idea. | I searched for the information.

고국으로 돌아가는 친구

CHECK | 손영작 ☐ 입영작 ☐ 반복낭독 ☐ 수업 듣기 ☐

STEP 1

A I can't believe you are going back to ＿＿＿＿＿＿.
(네가 호주로 돌아간다니 믿을 수가 없어.)

B 2 weeks went by ＿＿＿＿! (2주가 빠르게 지나갔네!)

A Promise me you will visit ＿＿＿＿. (다시 방문할 거라고 약속해.)

B I ＿＿＿＿. I'll call you from time to time, too.
(약속할게. 너에게 종종 전화도 할게.)

STEP 2

- **Australia** | 호주
  → Michelle is from Australia. (Michelle은 호주 출신이야.)
  → How far is Australia? (호주는 얼마나 멀어?)

- **fast** | 빠르게, 빠른
  → The UFO is moving fast. (그 UFO가 빠르게 움직이고 있어.)
  → The plane is flying fast. (그 비행기는 빠르게 날고 있어.)

- **again** | 다시, 또
  → Don't do it again. (다시는 그러지 마.)
  → They made a mistake again. (그들은 또 실수했어.)

- **promise** | 약속하다
  → Do you promise? (너 약속해?)
  → He kept his promise. (그는 그의 약속을 지켰어.)

A **I can't believe you are going back to Australia.**

(네가 호주로 돌아간다니 믿을 수가 없어.)

I can't believe (평서문). = (평서문)이라는 걸 믿을 수가 없네.

→ I can't believe it's already August. (벌써 8월이라는 걸 믿을 수가 없네.)

→ I can't believe you are single! (당신이 싱글이라는 걸 믿을 수가 없어요!)

B **2 weeks went by fast!** (2주가 빠르게 지나갔네!)

go by = 지나가다

→ Time goes by fast. (시간이 빠르게 지나가네.)

→ 3 days went by really fast. (3일이 정말 빠르게 지나갔어.)

A **Promise me you will visit again.** (다시 방문할 거라고 약속해.)

Promise me (평서문). = (평서문)일 거라고 약속해줘.

→ Promise me you will come back. (네가 돌아올 거라고 약속해줘.)

→ Promise me you won't be late. (네가 늦지 않을 거라고 약속해.)

B **I promise. I'll call you from time to time, too.**

(약속할게. 너에게 종종 전화도 할게.)

from time to time = 종종

→ She calls me from time to time. (그녀는 종종 내게 전화해.)

→ We see each other from time to time. (우린 종종 서로를 봐.)

1 오늘이 월요일이라는 걸 믿을 수가 없네. = _____

2 3주가 빠르게 지나갔어. = _____

3 네가 괜찮을 거라고 약속해줘. = _____

4 종종 내게 전화해줘. = _____

I can't believe today is Monday. | Three weeks went by fast. | Promise me you will be okay. | ꓒꓮꞁꞁ ꝿꝏ ꝼꞃꝏꝳ ꞇꝾꝳꝏ ꞇꝏ ꞇꝾꝳꝏꓼ

수영복 교환하기

STEP 1

A There's a hole in this _____. (이 수영복에 구멍이 있어요.)

B We're so sorry. This never _____.
(정말 죄송합니다. 이런 일이 절대로 안 벌어지는데.)

B Would you like a new one or a _____?
(새것을 원하시나요 아니면 환불을 원하시나요?)

A I want to _____ it for a new one. (그걸 새것으로 교환하고 싶어요.)

STEP 2

• **swimsuit** | 수영복

→ I need a new swimsuit. (난 새 수영복이 필요해.)

→ I am not ready to wear a swimsuit. (난 수영복 입을 준비가 안 됐어.)

• **happen** | 벌어지다

→ It happened last weekend. (그건 지난 주말에 벌어졌어.)

→ When did it happen? (그건 언제 벌어졌니?)

• **refund** | 환불

→ I want a refund. (전 환불을 원해요.)

→ You will receive a full refund. (전액 환불을 받으실 거예요.)

• **exchange** | 교환하다

→ Let's exchange phone numbers. (전화번호 교환하자.)

→ We exchanged email addresses. (우린 이메일 주소를 교환했어.)

A **There's a hole in this swimsuit.** (이 수영복에 구멍이 있어요.)

There is/are (명사). = (명사)가 있어요.

→ There is a cat in the room. (방 안에 고양이가 있어요.)

→ There are holes in this sweater. (이 스웨터에 구멍들이 있어요.)

B **We're so sorry. This never happens.**

(정말 죄송합니다. 이런 일이 절대로 안 벌어지는데.)

never (동사) = 절대 (동사)하지 않는다

→ I never lie to anyone. (난 절대 아무에게도 거짓말 안 해.)

→ She never sleeps early. (그녀는 절대 일찍 안 자.)

B **Would you like a new one or a refund?**

(새것을 원하시나요 아니면 환불을 원하시나요?)

or = 혹은, 아니면

→ Do you want this or that? (이걸 원하니 아니면 저걸 원하니?)

→ Are you Chinese or Vietnamese?

(당신은 중국 사람인가요 아니면 베트남 사람인가요?)

A **I want to exchange it for a new one.** (그걸 새것으로 교환하고 싶어요.)

exchange (명사1) for (명사2) = (명사1)을 (명사2)로 교환하다

→ Can I exchange this for a new one? (저 이걸 새걸로 교환할 수 있나요?)

→ You can exchange it for a different color. (그걸 다른 색으로 교환할 수 있어요.)

1 큰 문제가 있어요. =_____

2 내 아들은 절대 울지 않아. =_____

3 넌 12살이니 아니면 13살이니? =_____

4 난 그걸 파란 걸로 교환했어. =_____

There is a big problem. | My son never cries. | Are you 12 or 13? | I exchanged it for a blue one.

소문난 맛집

STEP 1

A I heard good things about this _____. (이 식당에 대한 좋은 말을 들었어요.)

B Thank you. I hope you like your _____.
(고맙습니다. 식사가 마음에 드시면 좋겠네요.)

A My _____ is already watering. (벌써 군침이 돌고 있어요.)

B Trust me. Our _____ is the best in town.
(절 믿으세요. 저희 주방장은 동네 최고입니다.)

STEP 2

• **restaurant** | 식당

→ This restaurant is very famous. (이 식당은 매우 유명해.)

→ She owns a Korean restaurant. (그녀는 한국 식당을 소유하고 있어.)

• **meal** | 식사

→ I never skip a meal. (난 절대 식사를 거르지 않아.)

→ Meals are expensive here. (여긴 식사가 비싸.)

• **mouth** | 입

→ Close your mouth. (입을 닫아.)

→ My mouth is dry. (입이 건조해.)

• **chef** | 주방장

→ My friend is a famous chef. (내 친구는 유명한 주방장이야.)

→ Who is the chef here? (여기 누가 주방장이죠?)

A I heard good things about this restaurant.

　(이 식당에 대한 좋은 말을 들었어요.)

　I heard good things about (명사). = (명사)에 대한 좋은 말을 들었어요.

→ I heard good things about you. (당신에 대한 좋은 말을 들었어요.)

→ I heard good things about your company. (당신의 회사에 대한 좋은 말을 들었어요.)

B Thank you. I hope you like your meal.

　(고맙습니다. 식사가 마음에 드시면 좋겠네요.)

　I hope (평서문). = (평서문)이길 바랍니다. / (평서문)이면 좋겠어요.

→ I hope this is sugar-free. (이거 무설탕이면 좋겠는데.)

→ I hope you can come. (네가 올 수 있길 바라.)

A My mouth is already watering. (벌써 군침이 돌고 있어요.)

　be동사 (~ing) = (~ing)하고 있다

→ Is your mouth watering? (너 군침 돌고 있니?)

→ Are you checking my homework? (제 숙제를 확인하고 계세요?)

B Trust me. Our chef is the best in town.

　(절 믿으세요. 저희 주방장은 동네 최고입니다.)

　the (최상급 형용사) = 가장 (최상급 형용사)한

→ Our mechanics are the best in town. (저희 정비사들은 동네 최고예요.)

→ This plane is the fastest in the world. (이 비행기는 세상에서 가장 빨라요.)

DAY 129 소문난 맛집

1 당신의 딸에 대한 좋은 말을 들었어요. =＿＿＿＿＿＿＿＿＿＿＿＿

2 당신이 저희 세미나에 오시길 바랍니다. =＿＿＿＿＿＿＿＿＿＿＿＿

3 우린 얘기하고 있어. =＿＿＿＿＿＿＿＿＿＿＿＿＿＿＿＿＿

4 이 이어폰은 저희 가게에서 가장 싸요. =＿＿＿＿＿＿＿＿＿＿＿

These earphones are the cheapest in our store.
I heard good things about your daughter. | I hope you come to our seminar. | We are talking.

불법주차의 결말

_여행

STEP 1

A Why are you _____ my car? (왜 제 차를 견인하고 계신 거예요?)
B You _____ in front of a fire hydrant. (소화전 앞에 주차하셨잖아요.)
B It's _____ in the US. (그건 미국 내에서 불법이에요.)
A I didn't know that. I'm a _____. (몰랐어요. 전 관광객이에요.)

STEP 2

- **tow** | 견인하다
  - → They towed his car. (그들은 그의 차를 견인했어.)
  - → Please don't tow it away. (그걸 견인해 가지 말아주세요.)

- **park** | 주차하다
  - → Where did you park your car? (네 차를 어디에 주차했니?)
  - → You can't park here. (여기에 주차하시면 안 됩니다.)

- **illegal** | 불법인
  - → It's not illegal. (그건 불법이 아니에요.)
  - → They are illegal immigrants. (그들은 불법 이민자야.)

- **tourist** | 관광객
  - → I see many tourists. (많은 관광객들이 보이네요.)
  - → Tourists are my biggest customers. (관광객들이 저희의 가장 큰 손님이에요.)

A **Why are you towing my car?** (왜 제 차를 견인하고 계신 거예요?)

Why are you (~ing)? = 왜 (~ing)하고 있니?

→ Why are you sobbing? (넌 왜 흐느끼고 있니?)

→ Why are you giggling? (넌 왜 키득거리고 있니?)

B **You parked in front of a fire hydrant.** (소화전 앞에 주차하셨잖아요.)

in front of (명사) = (명사)의 앞에, 앞에서, 앞에 있는

→ She is standing in front of me. (그녀는 내 앞에 서 있어.)

→ We are in front of the museum. (우린 그 박물관 앞에 있어.)

B **It's illegal in the US.** (그건 미국 내에서 불법이에요.)

in (나라/주/도시) = (나라/주/도시)에, 에서

→ It's illegal in Korea. (그건 한국 내에서 불법이에요.)

→ Is it legal in Mexico? (그건 멕시코에서 합법인가요?)

A **I didn't know that. I'm a tourist.** (몰랐어요. 전 관광객이에요.)

didn't (동사원형) = (동사원형)하지 않았다

→ I didn't have my ID. (난 내 신분증을 가지고 있지 않았어.)

→ She didn't know my name. (그녀는 내 이름을 몰랐어.)

1 넌 왜 여기서 춤추고 있니? =_____

2 난 그녀의 앞에 앉아 있어. =_____

3 그건 뉴욕에서는 불법이야. =_____

4 Emily는 열심히 연습하지 않았어. =_____

Why are you dancing here? | I am sitting in front of her. | It's illegal in New York. | Emily didn't practice hard.

EBS 왕초보영어 2020 · 상편

초판1쇄 발행 2020년 2월 24일
초판3쇄 발행 2020년 2월 26일

기획   EBS
지은이   마스터유진

발행인   신상철
편집장   신수경
편집   정혜리 김혜연
디자인   디자인 봄에
마케팅   안영배 신지애
제작   주진만

발행처   (주)서울문화사
등록일   1988년 12월 16일 | 등록번호 제2-484호
주소   서울시 용산구 한강대로 43길 5 (우)04376
문의   02-791-0762
팩시밀리   02-3278-5555
이메일   book@seoulmedia.co.kr
블로그   smgbooks.blog.me
페이스북   www.facebook.com/smgbooks/

ISBN 979-11-6438-023-7 (13740)